沂源东安古城

沂源县文物管理所　编著

文物出版社

图书在版编目（CIP）数据

沂源东安古城/沂源县文物管理所编著．—北京：
文物出版社，2016.10

ISBN 978-7-5010-4799-4

Ⅰ．①沂⋯ Ⅱ．①沂⋯ Ⅲ．①古城遗址(考古)－
研究－沂源县 Ⅳ．①K878.34

中国版本图书馆CIP数据核字(2016)第237871号

沂 源 东 安 古 城

编　　著：沂源县文物管理所

封面设计：秦　彧
版式设计：秦　彧
责任编辑：秦　彧
器物摄影：宋　朝　刘鸿亮
责任印制：张道奇

出版发行：文物出版社
地　　址：北京市东直门内北小街2号楼
邮　　编：100007
网　　址：http：//www.wenwu.com
邮　　箱：web@wenwu.com
制版印刷：北京荣宝燕泰印务有限公司
经　　销：新华书店
开　　本：889mm×1194mm　　1/16
印　　张：12.25
版　　次：2016年10月第1版
印　　次：2016年10月第1次印刷
书　　号：ISBN 978-7-5010-4799-4
定　　价：260.00元

《沂源东安古城》编委会

顾　问：任相宏
主　任：李　玲
副主任：张寿玉　于寿磊
主　编：杨中华　郑德平
副主编：苏　琪　刘鸿亮
编　辑：张　楠　林　红
摄　影：宋　朝　刘鸿亮

序

任相宏

沂源于1944年置县，由当时沂水、蒙阴、临朐县的第八区合并组建而成，1952年区划调整时又将沂水的东里、金星等划归沂源，至此沂源政区的基本格局形成并相对稳定下来。东安古城位于沂源县东部的东里镇东安村，处在沂河与洪水河的交汇之处，历史上一直为沂水县所辖。尽管地表上现在已经看不出明显的古城迹象，但就目前所能见到的清康熙、道光两个版本的《沂水县志》却都认定这里就是魏晋至隋时期的东安郡治所，所以名为东安古城。后来清人叶圭绶在其《续山东考古录》中对此还进行过专门的考证，不但进一步明确了古城的具体地点，同时还认为东安郡应当始于东汉末年，而非魏晋时期。东安村周围曾出土过东汉、魏晋至隋时期的卷云、莲花瓦当等遗物，所以东安为东安郡的治所不曾有人怀疑过，形成了一致共识。

但是，1984年6月，东安古城内却突然出土了包括铜铙、弓形器在内的一批商代青铜重器，从而彻底改变了东安仅为东安郡的这一传统认识，古城的历史随之也就变得厚重和模糊起来。为了摸清古城的历史和文化发展脉络，借第三次全国文物普查之机，淄博市文物局邀请笔者带领淄博市文物局、沂源县文物管理所的部分工作人员对古城进行了一次专题调查。调查工作从2008年9月上旬开始，到2010年12月下旬结束，历经近两年半的时间。沂源县委县政府、县文化局、东里镇委镇政府对调查工作给予了高度重视和大力支持。

为了尽可能地探索清楚古城的年代和性质，还原其本来的历史面目，除了古城本身之外，调查还包括了其周边区域，范围不仅覆盖了整个沂源，还涉及到了沂水、临朐和蒙阴等邻县。令人欣慰的是，两个方面的调查都取得了意想不到的可喜成果。

古城调查基本上搞清楚了城址的布局和年代问题。经过勘探和走访发现，现存城址均由夯土城墙筑成，分为大城和小城两部分。大城在南，小城位于大城西北角的外侧，并且大城的北城墙西段即为小城的南城墙，两城共用一段城墙，紧密地咬合在一起，因而形成了一个平面大致呈"日"字形结构的布局。小城面积约5万平方米，大城面积约34万平方米，总面积近40万平方米。

城址三面绕河、四面环山：南面是沂河，过河为唐山；东面是洪水河，过河为保安崮、曹家崮和跑马岭；北面是黄崖子河，过河为窗户顶；西边为凤凰崮和文山。所绕之河，即为天然的护城壕。西护城壕，由北面黄崖子河人工分流而成，局部遗迹尚存。

大城地势低洼，小城地势高起，并且两城三面绕河四面环山。显而易见，建城选址、布局都充分考虑并利用了这里优越而又独特的自然山形地势，以及天然的河流资源，体现了古时先人的城建理念和聪明才智。

大城的北部发现有宫殿建筑基址，小城内部除储粮的窖穴外尚未发现其他大规模的遗迹现象。

调查时曾对小城北城墙一带村民取土后形成的断崖剖面进行了清理，发现了龙山、商末周初、春秋、战国时期的夯土城墙，以及相对应的城内文化层堆积，出土、采集到了大量的文物。其中，除去与城墙年代一致的之外，还有西汉卷云纹瓦当，以及"万岁""千秋万岁"和"长乐未央"等文字瓦当。据说，战国夯土城墙之上以前还有很厚的夯土层，20世纪末已被破坏。

根据同一遗迹单位发现并出土的遗物，如陶鬲口沿、瓦当等遗物来观察，大城北部宫殿建筑基址的年代为西汉，小城内的窖穴为春秋。1984年小城内出土的商代青铜器，当与商末周初的城址相关联。

由此可见，现存城址至少是小城的年代应当始于龙山文化时期，后起的则是商末周初、春秋、战国和西汉，年代已经远远地超出了东安郡城的范畴。如果再将已认知的东安郡城的年代考虑进来，那么东安城池的历史不但悠久，而且从龙山到隋代几乎是绵绵不断。

周边区域调查发现了大汶口文化遗址和墓地，以及大量的战国、西汉、东汉和魏晋时期的墓地或是墓葬，并对无法继续保护的院峪舍地大汶口文化墓葬、院峪村西和东里东村东台地战国墓进行了抢救性清理。其中，东里东村东台地战国墓尤为重要。

这是一座带有一条墓道的"甲"字形土坑竖穴木椁墓，方向坐北朝南，面积50多平方米。墓葬保存较好，棺椁未朽。葬具为一椁二棺。随葬有马车、青铜器、玉石器、陶器、陶俑，以及大量的竹、木、丝麻等有机质器皿和丝织品，数量达106件（套），1000余件。有机质文物极易腐朽，难以保存，尤其是中国北方更为突出。如此大体量的战国有机质文物保存至今极其难得，全国罕见，江北绝无仅有（任相宏、郑德平、苏琪、杨中华：《沂源东里东台地一号战国墓及相关问题的思考》，《管子学刊》2016年第1期）。

这里需要提及的是，沂水纪王崮春秋墓（山东省文物考古研究所：《山东沂水纪王崮发现大型春秋墓葬》，《中国文物报》2012年10月12日。山东省文物考古研究所、临沂市文物考古队、沂水县博物馆：《山东沂水县纪王崮春秋墓》，《考古》2013年第7期，又《沂水县纪王崮一号春秋墓及车马坑》，《海岱考古（第六辑）》，科学出版社，2013年）就是为了坐实东安古城春秋时期的夯土城墙，换言之，东安春秋城址是在周边区域调查过程中确认的。正由于此，才有了后来沂水天上王城景区施工发现青铜器、墓葬发掘等一系列重大考古事件，也避免了墓葬被盗或破坏的厄运。

周边区域调查发现的遗存，无论是哪一个时期的都有一个鲜明的特点，即越靠近东安古城分布就越密集，并且有些遗存则只见于城址附近，如大汶口文化遗址和墓地。这表明自龙山文化至隋，东安始终就是沂河上游一带政治、经济和文化的中心，也体现出了不同于平原地区另一类型的山地城市文明。其源头，则是渊于其前的大汶口文化。文化、城市发展的脉络一清二楚。

毋庸置疑，专题调查不但将东安古城的年代大大提前了，同时也将古城的兴盛时期由东汉向前推到了春秋、战国和西汉。而作为专题调查内容的一部分，新发现的春秋、战国和西汉时期城址的性质也不得不进行一些思考。

春秋时期的东安古城，应当与纪国的浮来邑有关。《春秋·隐公八年》："九月辛卯，公及莒人盟于浮来。"杜预注："浮来，纪邑。东莞县北有郓乡，郓乡西有公来山，号曰郓来涧。"据此，浮来与公来山，即郓来涧虽为两地，但相距不远，并且公来山在郓乡之西。郓乡，汉代郓乡县治所，位于沂水县沙沟镇后朱雀村南。古城遗迹尚存，但部分城墙早年已被沭河洪水冲切破坏，仅剩部分墙体，所以当地称之为半壁城，现为县级文物保护单位。东莞县治所时为沂水县城，而郓乡在其北，那么公来山就当在东安古城东部一带。既此，东安古城则极有可能就是浮来之邑都。

叶圭绶在其《续山东考古录》中对浮来邑有过较为详细的阐述，并指出莒州之浮丘并非浮来。《续山东考古录》沂水县条目下："周，纪浮来邑，一作包来，作郓来。浮来邑在西北八十里，《春秋》隐公八年，公及莒人盟于浮来……《公（羊）》、《谷（梁）》作包来……《（沂水）县志》有浮来山，《隋志》名松山，今名闵公山。《齐乘》以莒州南之浮丘山，当之非是。"类似或是相同的记载，还见于《后汉书》《水经注》《读史方舆纪要》等文献。据此，浮来山即为杜预所说的公来山，隋时的松山，明清时的闵仲山，即现在东安古城东侧东寺东边跑马岭的主峰。既此，那么浮来邑即为东安古城。

笔者一直认为沂水纪王崮春秋墓与东安古城之间存在着密切的关系，也就是说墓主人就是城主人，并且也一直倾向于墓主人为"大去其国"之后的"纪侯"（任相宏：《沂水纪王崮与纪侯大去其国》，《李伯谦先生八十华诞纪念文集》，科学出版社，待刊）。既然东安古城为纪国浮来邑，而且两者之间的关系又是如此之密切，那么在思考墓主人之时纪是绕不过去的问题，无法回避。对于准确理解春秋时期东安古城的性质，沂水纪王崮春秋墓是有益的。

战国、西汉时期的东安古城，应当与战国齐国的盖邑、西汉盖县和盖侯王信的盖城有关。《水经注》沂水下："沂水又东经盖县故城南，东汇连绵之水，水发连绵山，南流径盖城东，而南入沂。"《读史方舆纪要》沂水盖城条目下："县西北七十里，齐邑也。陈仲子兄戴盖禄万钟，又王驩为盖大夫，即此。汉置盖县，属泰山郡。汉景帝封后兄王信为侯邑。"同样的记载，还见于《太平寰宇记》《沂水县志》《续山东考古录》等文献。由于受《水经注》的影响，加之一个盖字又具有魔力般的诱惑力，所以后起学者都将战国齐盖邑、西汉盖县和盖侯国的盖城与现在沂源县中庄镇的盖冶村联系在了一起。甚至，《续山东考古录·图考》还对此进行了图标，就是当时的盖邑庄。

然而，经过多次反复调查和走访，在盖冶村一带我们并没有发现与之相关的实物证据，而多是汉代冶铁遗物，如炼渣和矿石等，是一处汉代冶铁遗址。村中二郎庙院墙上有一通明代嘉靖年间的石碑，碑文称当时的村名为盖冶而非清时《续山东考古录·图考》中所标出的盖邑，与今同名。由此可见，邑当冶之讹。盖冶之名应当源于汉时当地的冶铁业，而非后人臆想中与战国、西汉盖城有关的盖邑。反观东安古城调查的实物资料，既有城郭也有高规格的墓葬，还有素面半瓦当，以及卷云和文字瓦当，与之十分吻合，并且两地相距也不远，都位于沂河上游的北岸，均不出《读史方舆纪要》《沂水县志》《续山东考古录》等所说的七十、八十里的范畴，所以战国、西汉时期的盖城当为东安古城。

至于龙山、商末周初非兴盛时期东安古城的性质，龙山文化时期自然是与其前的大汶口文化一脉相承，为当地的原居民，即东夷部落集团或是海岱民族。

商末周初时期的东安古城，或许与商奄有关。奄是商王朝时期的东方大国，周人常称之为商奄。《说文》："奄，覆也。"《淮南子·修务训》："万物至众，而知不足以奄之。"高诱注："奄，盖之也。"《说文通训定声》："盖即奄也。"奄、盖通假通用，商奄即商盖。《商周史料考证》："《孟子》尝称齐有盖大夫王驩，又称陈仲子之兄戴盖禄万钟……《汉志》泰山郡有盖县。《大清一统志》云，盖县故城在今沂州府沂水县西北七十里，战国时齐邑也"。如果依照丁山先生的这一思路来考虑的话，而战国、西汉盖城在东安又无误，那么商末周初的东安古城与商奄之间就会产生必然的联系，一度为商盖的可能性就会成立。

专题调查结果表明，东安作为城来讲是从4000多年前的龙山文化开始，断断续续一直持续到公元600多年的隋，时间长达2800多年之久，经历了龙山东夷、商末周初奄盖、春秋纪国浮来、战国齐国盖邑、西汉盖县和王信盖侯、东汉末至隋东安郡等不同的历史时期，曲折而又复杂。但从文化视角来看，东安古城则启孕于大汶口文化，距今已有5000多年的历史。

总而言之，沂源东安古城专题调查不但获取了一批珍贵的实物资料，还纠正了文献记载之错误，补充了文献记载之不足，古城的历史轮廓也开始渐渐地清晰起来，取得了丰硕成果！

资料正在整理、保护和研究过程之中，《沂源东安古城》只是这次调查的一个初步成果。但是，相信它的出版不仅有助于推动东安古城学术研究的深入，也将有助于推动当地文化的繁荣、社会经济的发展和城市文明建设的进程！

2016年8月

沂源东安古城

目　录

陶瓷器

沂源东安古城

壹　东安古城概述

任相宏

城市，是人类社会发展进程中文明出现的重要标志，是一定地域、一定时间政治、经济、文化的集中体现。

东安古城，是沂源县境内历史上唯一有文献记载的古城，其地位和价值不言而喻。她，是沂源城市文明的发祥地，城市发展的承载地。

古城位于淄博市沂源县东里镇东安村，处在沂河与红水河的交汇处。2006年公布为省级重点文物保护单位。

《续山东考古录》沂水县条目下："后汉末，（……或建安初立也）于盖县地置东安郡。魏因之。"《中国历史地图集》："南北朝时期（公元420~589年），此城是北朝后赵（襄国）东安郡治所。至前燕、前秦、后燕、南燕为东安郡治所未变。至北朝北魏时，东安郡废，置盖县。至东魏时，又恢复东安郡建制。至隋（公元581~618年），隋文帝杨坚统一中国，置东安县。"同样的记载，还见于《齐乘》《山考古录》《读史方舆纪要》和《沂水县志》等。由于东汉至隋东安为郡城或县治所，故名东安古城。

20世纪，东安村周围陆续发现一些文物，如东汉卷云纹、魏晋时期莲花纹瓦当

原故宫博物院院长张忠培参观东里出土文物

建筑材料，以及这一时期的铁农具等。值得一提的是，1984年6月东安村村民在村北平整打麦场时意外发现了一批商末青铜器。器形有铜铙、弓形器、戈和马策等，其中的铜铙、弓形器和马策都是高规格的青铜乐器和驾驭马车的器具，为同时期罕见。这些发现不但证实了东安古城的史实，还预示着其下会有更早的重要城址。

2008～2010年，结合第三次全国文物普查，市文物局、县文管所联合对古城进行了首次专题调查，山东大学历史文化学院考古系任相宏教授担任调查领队。

调查发现，古城为夯土城墙构筑，由小城和大城两个城址组成。小城位北，大城在南，大致呈"日"字形布局。小城5万平方米，大城34万平方米，总面积近40万平方米。

社科院宋振豪一行调研东安古城

国家文物局张洁考察东安古城

城址三面绕河、四面环山：南面是沂河，过河为唐山；东面是红水河，过河为保安崮、曹家崮和跑马岭；北面是黄崖子河，过河为窗户顶；西边为凤凰崮和文山。所绕之河，即为护城河。西护城河，由北面的黄崖子河分流而成。

调查分为城址和城址外围两部分。城址调查不仅发现了龙山、商末周初、春秋、战国四个时期的城墙，以及相应的城内文化层堆积，还出土、采集到了大量文物。其中，除去与城墙年代一致的外，还有西汉"万岁""千秋万岁"和"长乐未央"等文字瓦当。

城址外围调查发现了大汶口文化遗址和墓地，以及大量的战国、西汉、东汉和魏晋时期的墓地或是墓葬，并对难以继续保护的院峪舍地大汶口文化墓葬、院峪村

东安古城古城墙剖面图

东安古城古城墙考古清理现场

西和东里东村东台地战国墓葬进行了抢救性发掘。其中，东里东村东台地战国墓尤为重要。

　　该墓葬是带一条墓道的"甲"字形土坑竖穴木椁墓，墓室位北，墓道在南，方向坐北朝南。墓室南北长8.15、东西宽6.3、深4.9米。墓口面积50多平方米。墓葬保存较好，棺椁未朽。葬具为一椁二棺。随葬有马车、陶俑、荒帷、青铜器、玉石器、陶器，以及大量的竹、木、丝麻等有机质器皿和丝织品，数量达106件（套），1000余件。这些有机质文物，特别是竹编器、丝织品和麻织物保存至今极

东里镇东村战国墓M1全景

东里镇东村战国墓M1陪葬战车车轮遗迹

东里镇东村战国墓M1考古现场（拍照）

东里镇东村战国墓M1考古现场（提取器物）

东里镇东村战国墓M1考古现场（提取器物）

东里镇东村战国墓M1内外棺

古丝织品修复专家吴顺清现场保护

其难得，如此大的体量江北绝无仅有。

　　既有城墙遗迹又有相应的遗物为证，城址的年代显然已经远远地超出了东安郡城的范畴。并且，其鼎盛时期也非东安郡城之时，而是其前的春秋、战国和西汉。

　　《春秋·隐公八年》："九月辛卯，公及莒人盟于浮来。"杜预注："浮来，纪邑。东莞县北有郓乡，郓乡西有公来山，号曰郓来涧。"《续山东考古录》沂水县条目下："周，纪浮来邑，一作包来，作郓来。浮来邑在西北八十里，《春秋》隐公八年，公及莒人盟于浮来……《公（羊）》《谷（梁）》作包来……《（沂水）县志》有浮来山，《隋志》名松山，今名闵公山。《齐乘》以莒州南之浮丘山，当之非是。"同样的记载，还见于《后汉书》《水经注》《读史方舆纪要》等。据此，浮来山即杜预所说的公来山，隋时的松山，明清时的闵仲山，即现在东安古城东侧东寺东边跑马岭的主峰，浮来即东安古城。

《水经注》沂水下："沂水又东经盖县故城南，东汇连绵之水，水发连绵山，南流径盖城东，而南入沂。"《读史方舆纪要》沂水盖城条目下："县西北七十里，齐邑也。陈仲子兄戴盖禄万钟，又王驩为盖大夫，即此。汉置盖县，属泰山郡。景帝封后兄王信为侯邑。"同样的记载，还见于《太平寰宇记》《沂水县志》《续山东考古录》等。由于受《水经注》的影响，后起学者都将战国齐盖邑、西汉盖县和盖侯国的盖城与沂源中庄的盖冶村联系在了一起。并且，《续山东考古录·图考》还进行了图标，为盖邑庄。但是，盖冶调查并没有发现与之相关的实物证据，而多是汉代冶铁遗物，如炼渣和矿石等，是一处汉代冶铁遗址。而且，从村中二郎庙院墙上明嘉靖年间的碑文可知，明时的村名即为盖冶，并非清时的盖邑，与今同名。可见，邑当冶之讹。盖冶应源于汉时的冶铁业，与东安同样，也是一个有着历史渊源的古老村名。反观东安古城调查的实物资料，则与之十分吻合，所以盖城当为东安古城。

调查表明，作为城址而言，东安从4000多年前的龙山文化开始，断断续续一直持续到公元600多年的隋，历史长达2800多年之久。但就文化来说，东安则肇始于大汶口文化，距今已有5000多年的历史。5000多年的文化史，4000多年的城市文明史，延绵悠长，这样的古城全中国罕见！

虽然龙山、商末周初还不能明确其具体的部族和性质，但就文献记载来看东安古城则清晰地经历了浮来、盖和东安三个时期。浮来时期为春秋纪国的浮来邑，盖时期先后为战国齐国盖邑、西汉盖县和盖侯封国，东安时期为东汉至隋的东安郡城或县治所。

历经沧桑的东安古城，是沂源文化和城市文明发展的历史见证！

贰　东里镇不可移动文物遗存

　　截止目前，东里镇共有各类文物保护单位15处。其中，省级文物保护单位3处（东安古城遗址、院峪墓群、唐山摩崖造像）。市级文物保护单位5处（东里明清墓群、院峪西寺遗址、福禄坪西寺遗址、东安墓群、西村簸箕洼墓群）。县级文物保护单位7处（打虎峪遗址、龙王峪窑址、韩旺墓群、东桃花坪墓群、打虎峪南墓群、前西长旺墓群、朝阳官庄镇武阁）。文物保护单位数量在全县位居前列。

　　2010年对东村战国墓进行了抢救性保护发掘，出土器物已经申请国家专项资金委托荆州文保中心对其进行修复。

1. 东安古城遗址

　　东安城址位于山东省淄博市沂源县东里镇东安村中，属于临河丘陵高台，地势相对较高，分布面积约35000平方米。二普记录古城始建置于西汉景帝二年（公元前155年）为县治所，晋改为东安郡，隋大业十年（公元614年）废。南北长800、东西宽500米，东部有护城河，北、中部暴露有殿宇，城墙残迹，在北部老城顶，地面散布大量的花纹砖、瓦及带有"万岁""千岁"字样的半瓦当，带有"千秋万岁""宫官长吉""长乐未央"字样及其他花纹的圆瓦当等，采集陶片以夹砂灰陶为主，纹饰多素面、弦纹，器形有盆、罐、豆、壶等，铜器有铜剑、镜、镞、车

东安古城老城顶

东安古城古城墙

具、铜弩机等，铁器有铁锸、镢、戟、剑、印等，还有新石器时代的石斧、石锛、石刀等。2008～2009年三普期间，山东大学与淄博市文物局会同沂源县文物管理所共同对其进行了专题调查发现，东安古城有龙山、商、春秋、汉代城墙，比历史记载的汉代郡城提前了2500年，古城的历史至今已达4500余年，这一发现对进一步研究东安古城的变迁、古城的历史、郡城的布局及当时社会的政治、经济、文化、军事等方面具有十分重要的学术价值，2006年12月7日被山东省人民政府批准公布为省级重点文物保护单位。

2．唐山摩崖造像

唐山摩崖造像位于山东省淄博市沂源县东里镇上柳沟村北，唐山文化风景区南麓罗汉崖下，属唐山寺附属文物，原寺已毁圮，现为重建。共7个佛龛，504尊佛

唐山摩崖造像

唐山摩崖造像

像，分布面积约16平方米，佛像的始凿年代应为隋唐时期。佛像高约20～25、宽约10、进深约3～8厘米。佛像均为并排坐姿，浅浮雕，有的合双手，有的执法器，形态各异。因"文化大革命"期间惨遭破坏，造像面部多已被毁。2006年被山东省人民政府批准公布为省级重点文物保护单位，它对研究当时社会佛教的发展及石刻艺术具有较为重要的价值。

3. 院峪墓群

院峪墓群位于山东省淄博市沂源县东里镇院峪村西。群东西窄，南北长，分布面积约94000平方米。在墓群的西南有大汶口时期的墓葬暴露，距地表深约0.50～1.50米。采集标本有大汶口文化高柄杯、钵形鼎、红陶罐、石纺轮、骨针等，陶质有泥质、夹砂两种，陶色有红、黑、灰等，纹饰有弦纹、划纹、镂孔等，在其北部有战国墓出土，深约3～5米，出土器物有铜器、玉器、陶器等，个别墓葬有殉人现象。战国墓为东西向，有一棺一椁及三棺两椁等，2013年被山东省人民政府批准公布为省级重点文物保护单位。

4. 韩旺一村耿氏谱碑

耿氏谱碑位于山东省淄博市沂源县东里镇韩旺一村东北的耿家老林，属山前坡地，分布面积约50平方米。谱碑共五块，方向北偏东48°，分属同治、道光等不同时期。碑均为青石材质，正面均磨光，部分反面磨光。形制有直肩、削肩带帽两种，帽为清代格式，谱碑碑身高约150～180、宽70～77厘米，均带碑座。碑额题刻有"耿氏宗派""万古流芳""永垂千古"等。

韩旺一村耿氏谱碑

5. 朝阳官庄镇武阁

镇武阁位于山东省淄博市沂源县东里镇朝阳官庄村南。村民俗称"阁子"，占地面积约20平方米。它为二层建筑，一层为过往进城（村）的门道，二层为放哨瞭望的居所。其主要构成为砖石结构，东西长约5米，中间拱形通道宽2.05米，南北长约3.86米，在其北面有通往二层的石阶梯，旁边立有大清光绪三十一年中秋月上浣《重修镇武阁》石碑一通。

6. 三宝官庄围子

三宝官庄围子墙位于山东省淄博市沂源县东里镇三宝官庄村村南的南山上，

朝阳官庄镇武阁

朝阳官庄镇武阁

三宝官庄围子

三宝官庄围子

南北长约130、东西宽约80米，总面积约11000平方米。围子墙为青石结构，干砌而成，残高1～4米。围子自内向里可分为三层，外层较高，上有防御用的垛口及瞭望口，中层为分区的墙体，最内层位置相对较高，居于围子的中心地位，可便于四周观察，其地位相当于"指挥部"。围子中有房屋多间，有一间、两间、三间等形式，多依山就地趋势而建，修建较为牢固。围子有进山的山门，外围的墙上垛口下有专用运输和传递信息的"通道"，利于作战和防御。

7. 江孔遂江氏墓群

江孔遂江氏墓群位于山东省淄博市沂源县东里镇西村文山路北东侧，属山前平地，面积约2500平方米，为江氏家族墓地，时代为明、清时期。江孔遂，字心一，生于明万历五年闰八月十九日子时，卒于清顺治四年三月二十二日，曾任明进士，通议大夫河南按察使，其妻为苗氏。墓地现存明清墓碑两块，均为圆首、方座，青石材质，正面磨光，一为江孔遂墓碑，一为其父母墓碑，从墓地残存的龟趺碑可知，其墓原有神道，"文化大革命"期间遭破坏，出土有墓志铭等，后来丢失。

江孔遂江氏墓群

江孔遂江氏墓群

8. 打虎峪遗址

打虎峪遗址位于山东省淄博市沂源县东里镇打虎峪村村西的十四亩地，属山前高台坡地，大体分为二级，分布面积约19964平方米。遗址地表散见大量的西周、春秋、战国时期的陶器碎片，器物有陶罐、豆、壶等，纹饰有绳纹、弦纹及素面，未见有明显的文化层分布，其具体堆积不详。

打虎峪遗址

9. 院峪西寺遗址

院峪西寺遗址位于山东省淄博市沂源县东里镇院峪村村东北，原为闵子书院，即闵子祠。据康熙十一年修《沂水县志》可知，西寺始建于五代梁乾化年间（公元911年），距今1000多年，此地原曾建有文庙、大雄宝殿、罗汉堂、三官庙、神堂厨社等，占地约5800平方米，虽经历代重修，规模不断扩大，但却几经劫难，目前仅存闵仲祠、佛爷殿及晒书台、墨池等名胜，其余已倾圮，不可复见。原来有《玉映草》的主人高玉章的诗作碑刻多处，后在"文化大革命"期间毁掉，1963年曾在此建有工读师范，1968年撤销。

院峪西寺遗址墨水池

院峪西寺遗址圣人殿

院峪西寺遗址佛爷殿

10. 三庄关帝庙

三庄关帝庙位于山东省淄博市沂源县东里镇三庄村中。现存庙宇面宽三间，进深约4米，砖石结构，青砖灰瓦，硬山顶，翘脊飞檐，前出厦。庙中原有削肩石碑2块，"文化大革命"期间破坏，碑记述的是庙宇重修事宜，庙中现塑有关帝神像一座，该庙宇为清末风格建筑。

三庄关帝庙

1. 石铲 *新石器时代*

长15.1、宽10.7、厚1.6厘米

花岗岩质地，磨制石器，扁平状，平面略呈长方形，上部中央有圆形穿孔，双面刃，刃部略残。通体磨光。

沂源东安古城

2. **石斧**　新石器时代

长9.0、宽4.3～5.3、厚4.4厘米

砂岩材质，磨制石器，亚腰形，两面中部均有凹槽，用于固定斧柄。双面刃。

3. **石锤**　新石器时代

通高6.2、底径4.6～5.0、腹径6.6厘米

黑砂岩材质，磨制石器，近似球形，底部有一小平面。器身微残。

4. 玉铲 大汶口文化

长7.2、宽3.1厘米

平面近长方形，两边微外弧，斜刃，上部中央有一圆形穿孔。

5. 玉环 大汶口文化

外径4.6、内径2.3厘米

扁平环形，通体磨光，素面。基本完整。

6. 玉环 大汶口文化

外径7.3×6.0、内径3.0厘米

扁平环形，外缘略呈椭圆形，内缘圆形。原已断为两截，断处各有一穿孔以穿绳修复，二次利用。

7. 玉瑗 大汶口文化

外径2.8、内径0.7厘米

基本完整。

沂源东安古城

8. 玉坠 大汶口文化

长2.6、宽1.5厘米

较扁平，平面呈梯形，上端中央有一圆形穿孔。

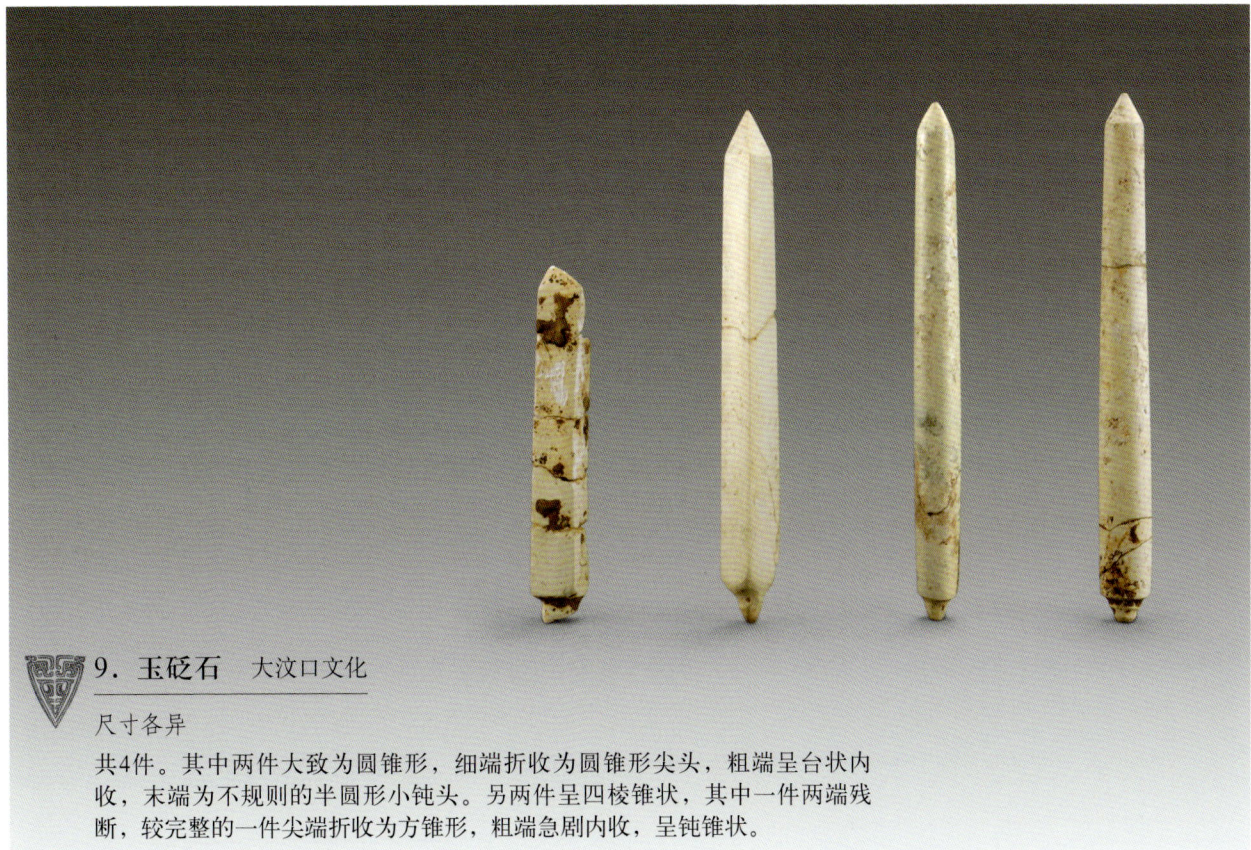

9. 玉砭石 大汶口文化

尺寸各异

共4件。其中两件大致为圆锥形，细端折收为圆锥形尖头，粗端呈台状内收，末端为不规则的半圆形小钝头。另两件呈四棱锥状，其中一件两端残断，较完整的一件尖端折收为方锥形，粗端急剧内收，呈钝锥状。

沂源东安古城

10. 花岗岩石器　大汶口文化

长4.0、宽2.9、厚2.5厘米

磨制石器，花岗岩材质，通体呈扁矮六棱柱状，上部
有一凹槽，一立面有一穿孔与凹槽相通，内圆外方，
表面光滑，红褐色纹面，靠近凹槽的一面微残。

11. 石斧　商代

长12.3、宽5.7、厚5.1厘米

青砂岩材质，磨制石器。平面近长方形，两边下端微外弧，斧面微鼓，双面刃。体型厚重，斧面、斧顶微残。

12. 石斧　商代

长11.3、宽5.8、厚3.6厘米

青砂岩材质，磨制石器。体型厚重，平面呈梯形，双面刃，斧面微鼓，斧面、斧顶微残。

13. 璇玑形玉环　战国

长10.6、外径7.1、内径3.1厘米

扁平环形，璇玑状，外缘有四个对称的牙，间距相等，牙尖旋向同一方向，并有穿孔，似鸟头形。器身表面浅浮雕谷纹，单元纹饰呈首大尾小的涡状，有的尾端相接呈"S"、"C"形等。

14. 玉环　战国

外径5.6、内径3.2、厚0.6厘米

15. 玉环　战国

外径6.7、内径4.7、厚0.8厘米

玉环上有一裂纹。

沂源东安古城

16. 玉环　战国

外径4.6、内径2.5、厚0.6厘米

17. 玉环　战国

外径5.5、内径3.5、厚0.7厘米

玉环上有两处裂纹。

18. 玉环 战国

外径5.0、内径3.6、厚0.7厘米

19. 玉环 战国

外径5.3、内径3.3、厚0.6厘米

玉
石
器

沂源东安古城

20. 玉环 战国

外径5.5、内径3.3、厚0.6厘米

21. 玉环 战国

外径5.7、内径3.6、厚0.7厘米

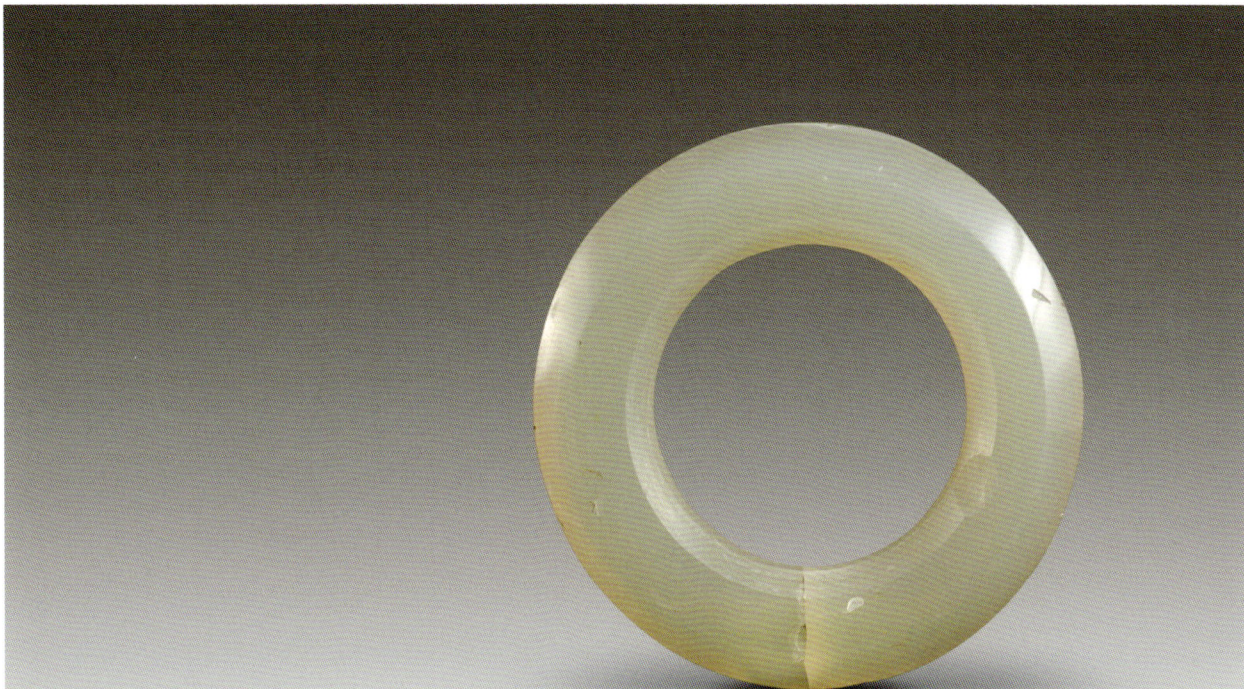

22. 玉环 战国

外径5.2、内径2.9、厚0.7厘米

上有一裂纹。

23. 水晶环 战国

外径5.1、内径3.5厘米

水晶材质。

24.水晶环 战国

外径4.2、内径2.7厘米

水晶材质。

沂源东安古城

25.水晶环 战国

外径4.2、内径2.3厘米

水晶材质。

26. 水晶环 战国

外径4.1、内径2.6厘米

水晶材质，浅黄色。

玉

石

器

27. 水晶环 战国

外径4.0、内径2.7厘米

水晶材质。

沂源东安古城

28.水晶环 战国

外径5.1、内径3.4厘米

水晶材质，上有一裂纹。

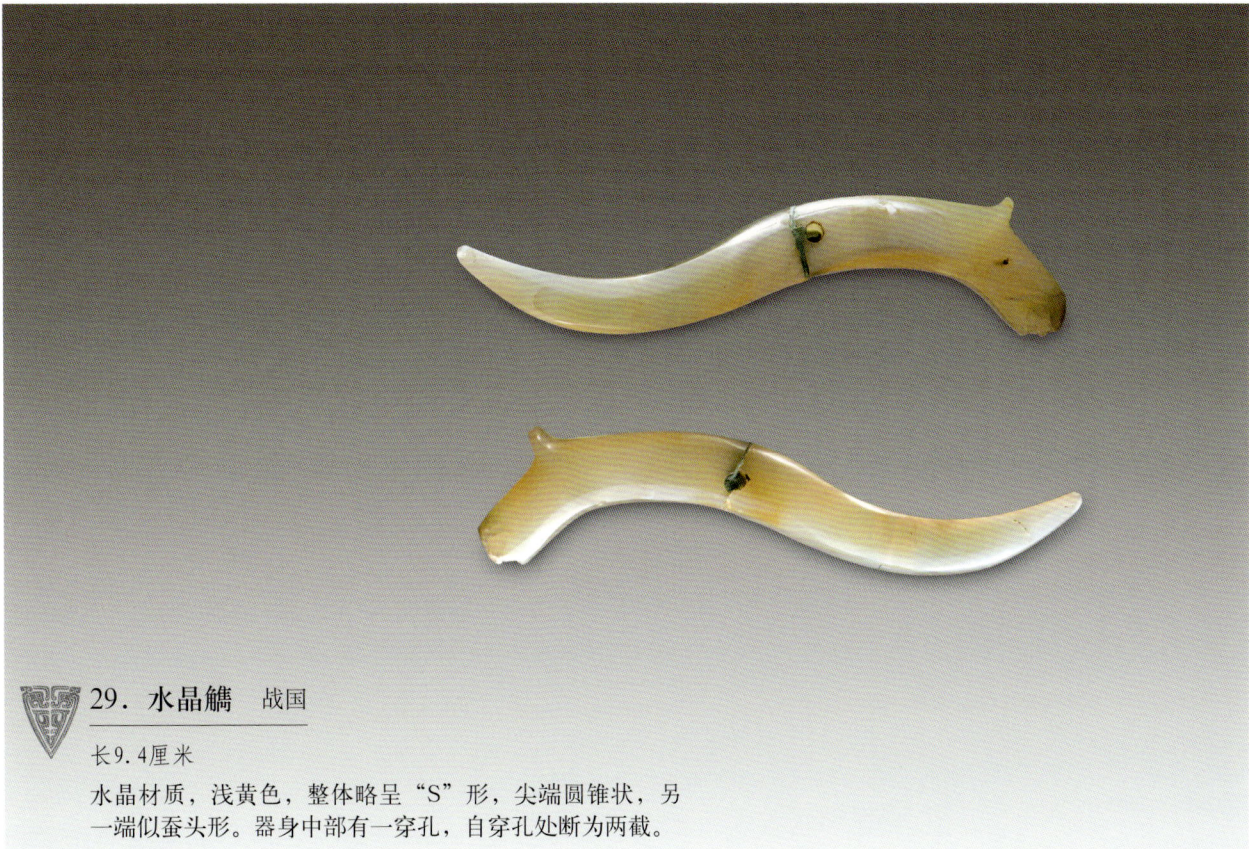

29. 水晶觿 战国

长9.4厘米

水晶材质，浅黄色，整体略呈"S"形，尖端圆锥状，另一端似蚕头形。器身中部有一穿孔，自穿孔处断为两截。

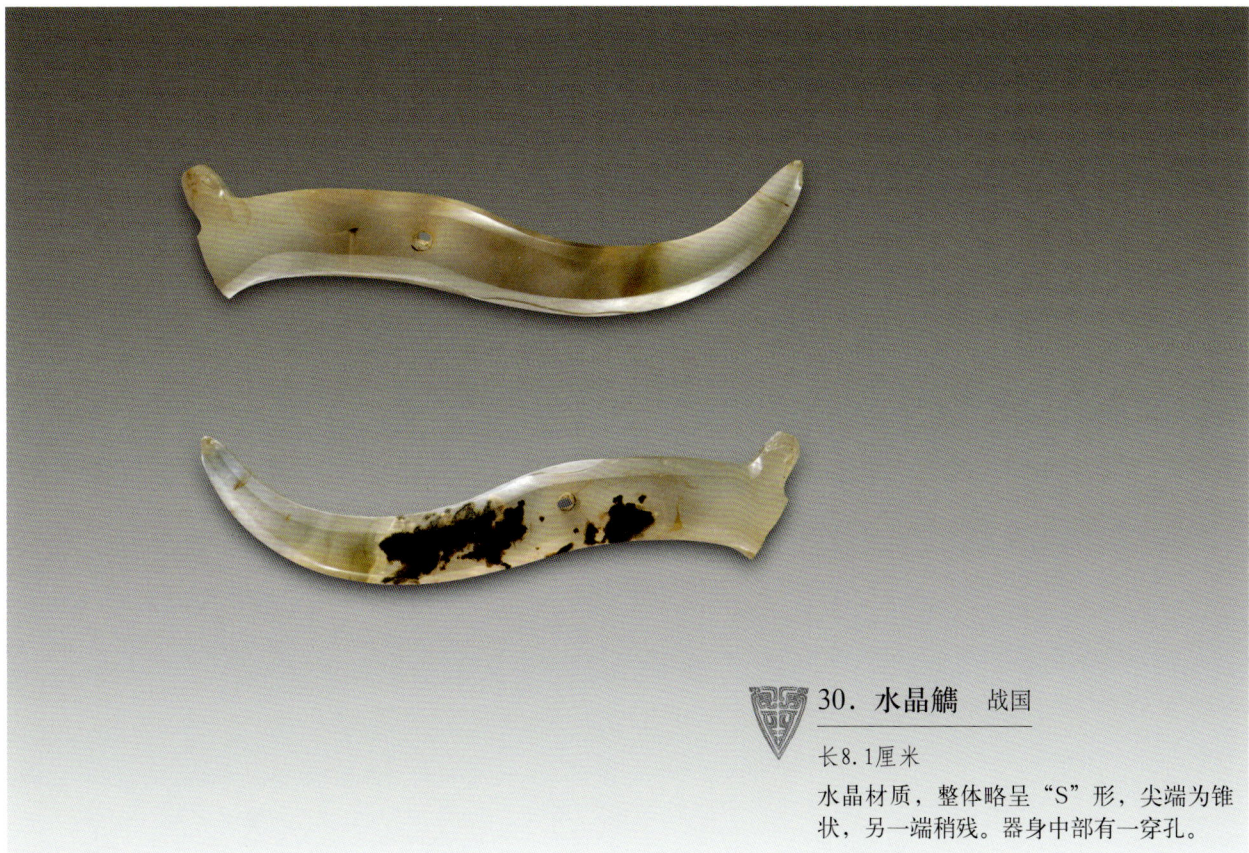

30. 水晶觿 战国

长8.1厘米

水晶材质，整体略呈"S"形，尖端为锥状，另一端稍残。器身中部有一穿孔。

沂源东安古城

31．水晶串饰　战国

水晶材质，共14颗，其中13颗略呈核状，中有穿孔，大小不一（最大者长1.4、直径0.9厘米）。1颗体积较大，为十四面体，高1.3、宽1.4厘米

32．水晶串饰　战国

水晶材质，共11颗，其中10颗略呈核状，大小不一（最大者长1.7、直径1.0厘米）。1颗体积较大，为十四面体，高1.3、宽1.3厘米。

33. 滑石璧 战国

外径4.5、好径1.8、厚0.4厘米

滑石材质，扁平环形，外表呈红褐色，通体磨光，素面。边缘微残，

玉石器

34. 滑石璧 战国

外径4.6、好径1.9、厚0.4厘米

滑石材质，扁平环形，外表呈红褐色，通体磨光，素面。

35．滑石璧　战国

外径4.7、好径1.9、厚0.4厘米

滑石材质，扁平环形，外表呈红褐色，
通体磨光，素面。

36．滑石璧　战国

外径4.5、好径1.8、厚0.4厘米

滑石材质，扁平环形，外表呈红褐色，
通体磨光，素面。

37. 滑石璧 战国

外径6.9、好径2.8厘米

滑石材质，表面浅浮雕"S"、"C"
形勾云纹，实为谷纹的变形。

沂 源 东 安 古 城

38. 滑石璧 战国

外径6.8、好径3.0厘米

滑石材质，表面浅浮雕"S"、"C"
形勾云纹，实为谷纹的变形。

39．滑石璧　战国

外径6.8、好径2.8厘米

滑石材质，扁平环形，通体磨光，素面。基本完整。

40. 滑石璧 战国

外径6.6、好径2.9厘米

滑石材质，表面浅浮雕"S"、"C"
形勾云纹，实为谷纹的变形。

41. 滑石璧 战国

外径9.2、好径4.7、厚0.7厘米

滑石材质，扁平环状，正面饰四圈凹弦纹，弦纹间饰三圈阴线刻简化的谷纹，背面为素面。

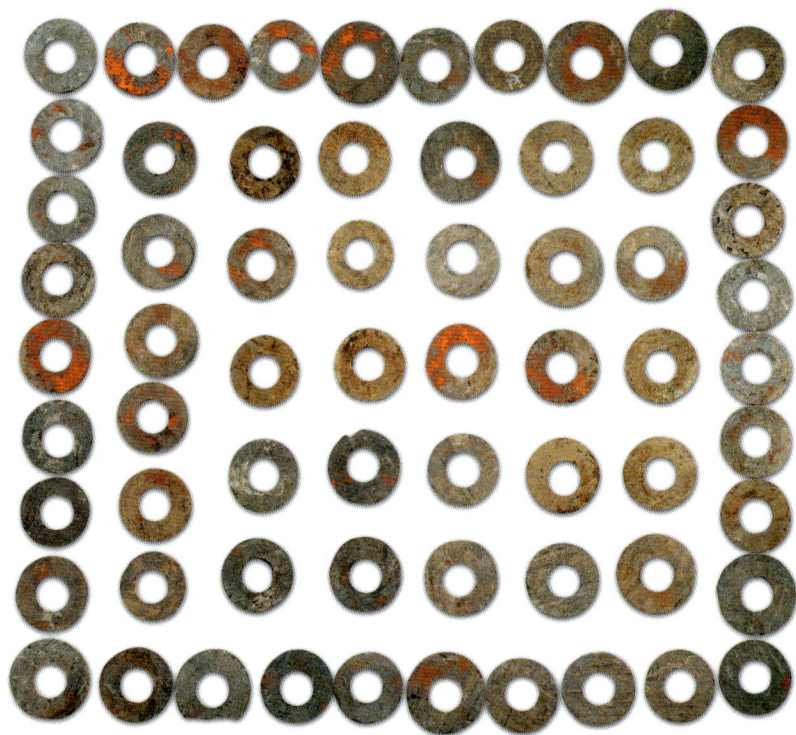

42. 滑石环 战国

外径5.0、内径2.3厘米

滑石材质，表面浅浮雕"S"、"C"形勾云纹，实为谷纹的变形。

43. 滑石环 战国

外径4.6、内径2.4、厚0.6厘米

滑石材质，扁平环状，素面无纹。

44. 滑石圭 战国

长12.8、宽2.8、厚0.6厘米

滑石材质，扁平状，顶部为锐角，底部平，
底部两侧有对称两凹槽，素面。

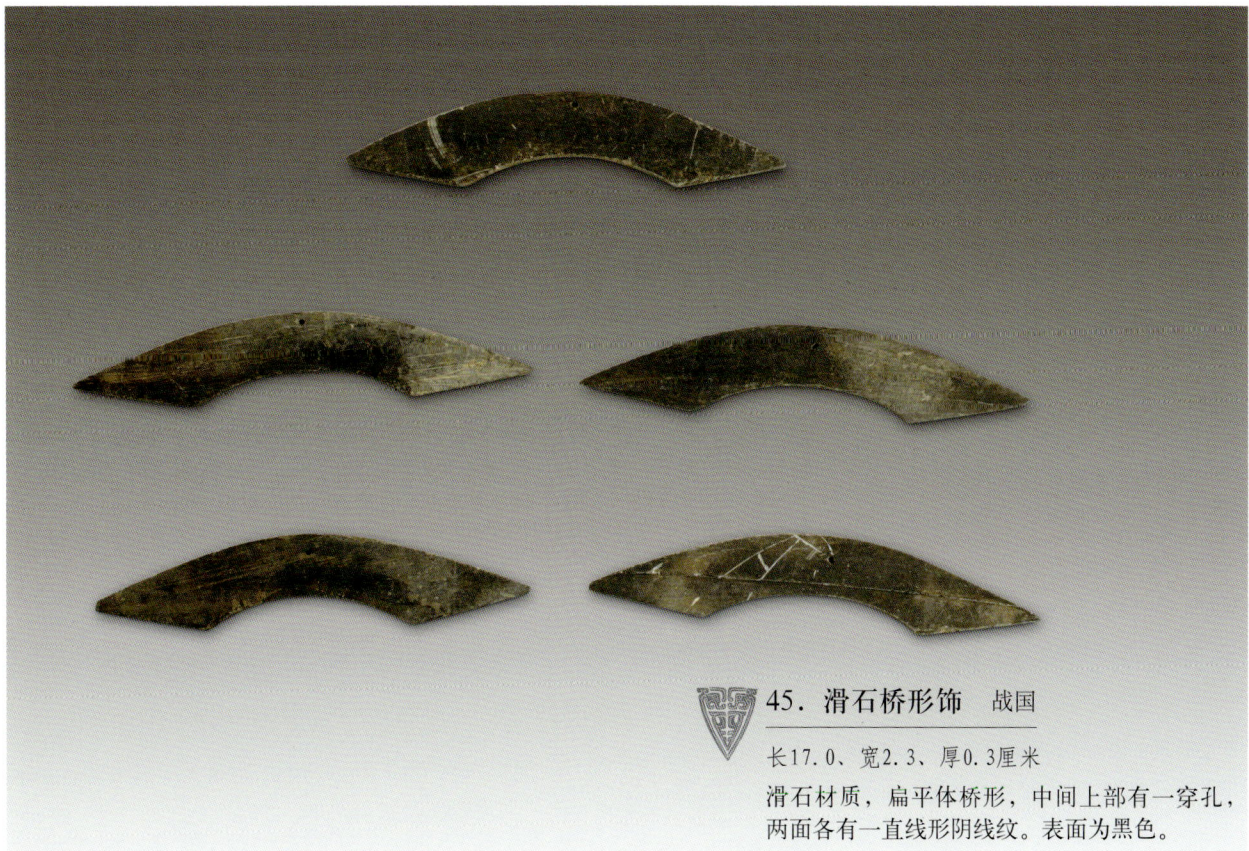

45. 滑石桥形饰　战国

长17.0、宽2.3、厚0.3厘米

滑石材质，扁平体桥形，中间上部有一穿孔，两面各有一直线形阴线纹。表面为黑色。

46. 谷纹玉柱饰　战国

直径2.6、高4.9厘米

圆柱形，底部有一孔。通体饰浅浮雕谷纹，单元纹饰呈首大尾小的涡状，顶部饰有对称的四个谷纹，柱身饰上中下三圈谷纹，各组之间有三道凸弦纹间隔。

47. 谷纹玉柱饰　战国

直径2.5、高4.6厘米

圆柱形，底部有一孔。通体饰浅浮雕谷纹，单元纹饰呈首大尾小的涡状，顶部饰有对称的四个谷纹，柱身饰上中下三圈谷纹，各组之间有三道凸弦纹间隔。

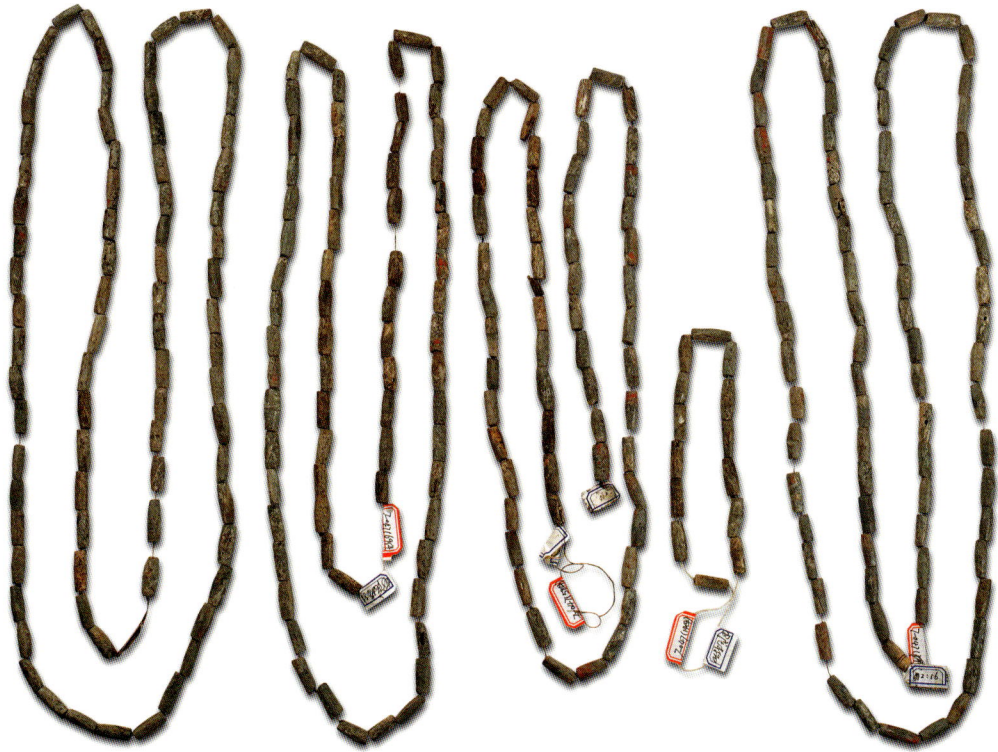

48. 滑石管 战国

长约2.0、直径约0.7厘米

共82件。滑石材质，大致呈圆柱形，中有小穿孔。

49. 石贝币 战国

宽1.4～1.8、长2.0～2.5厘米

滑石材质，货贝形，正面中部有一凹槽，有齿，
背面有一孔。通体磨光，大小厚薄不一。

50. 石砚 汉代

直径13.9、厚0.9厘米

磨制石器，通体呈圆饼状，一面边缘均匀分布三个小凹槽。

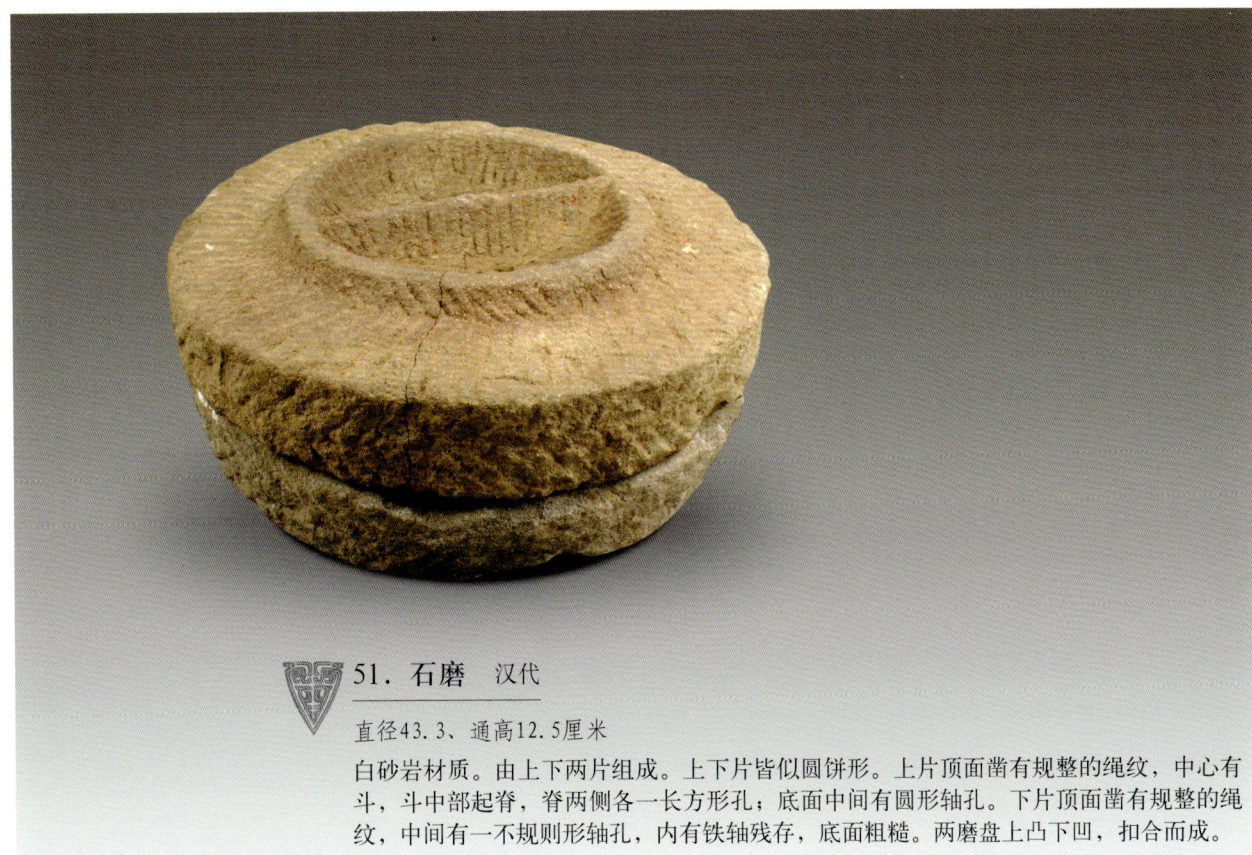

51. 石磨 汉代

直径43.3、通高12.5厘米

白砂岩材质。由上下两片组成。上下片皆似圆饼形。上片顶面凿有规整的绳纹，中心有斗，斗中部起脊，脊两侧各一长方形孔；底面中间有圆形轴孔。下片顶面凿有规整的绳纹，中间有一不规则形轴孔，内有铁轴残存，底面粗糙。两磨盘上凸下凹，扣合而成。

52. 石磨 汉代

直径46.5、通高11.5厘米

白砂岩材质。由上下两片组成。上下片皆似圆饼形。上片顶面凿有规整的绳纹，中心有斗，斗中部起脊，脊上有一圆形轴孔，内有铁轴残存，两侧各一半圆形孔。下片顶面布满窝状磨齿，中部有一圆形轴孔，底面粗糙。两磨盘上凸下凹，扣合而成。

53. 褐陶钵形鼎　大汶口文化

口径26.0、高25.5厘米

夹砂褐陶。鼎身钵形，敛口，折肩，斜壁，小底。凿形三足斜张，素面。

54. 红陶罐形鼎　大汶口文化

口径14.7、高17.5厘米

夹细砂红陶。鼎身罐形，敛口，小平沿，深腹外鼓，下腹折收，圜底，折腹处有一圈戳印痕。三足凿形，上大下小，较直。

55. 黑陶镂孔豆　大汶口文化

口径18.0、底径13.4、高21.1厘米

夹细砂黑陶，胎质细腻。豆盘为碗形，敞口，圆唇，深腹。
喇叭状高圈足，圈足下方饰镂孔，构成连璧形图案。

56. 灰陶镂孔豆 大汶口文化

口径10.0、足径8.5、高11.3厘米

灰陶。唇口，高足外撇，上有孔，简单修复。

57. 灰陶镂孔豆 人汶口文化

口径26.5、底径20.1、高29.7厘米

夹细砂灰陶，胎质细腻。豆盘钵形，广口，沿部内收，圆唇，斜壁，小平底。喇叭状高圈足，圈足上有三圈圆形镂孔。

58. 灰陶罐 大汶口文化

口径9.2、高16.5厘米

夹细砂灰陶。小口微侈，圆唇，斜高领，束颈。
器身似球形，溜肩，深鼓腹，小平底。素面。

59. 黑陶镂孔高柄杯 大汶口文化

口径15.3、足径13.3、高30.3厘米

黑陶。整体略似瓠形，杯体为喇叭形广口，中下部饰
一箍及两圈斜线纹带。细高柄中空，柄饰两竹节形
箍。喇叭口状圈足，足上有镂孔，构成连璧形图案。

沂源东安古城

60．灰陶绳纹甗　西周

口径39.0、高44.9厘米

夹砂灰陶，陶色不均。侈口，方唇，窄折沿，深腹略鼓，细腰，
鬲部腹部圆鼓，分档较高，锥状足，口沿一下通体饰粗绳纹。

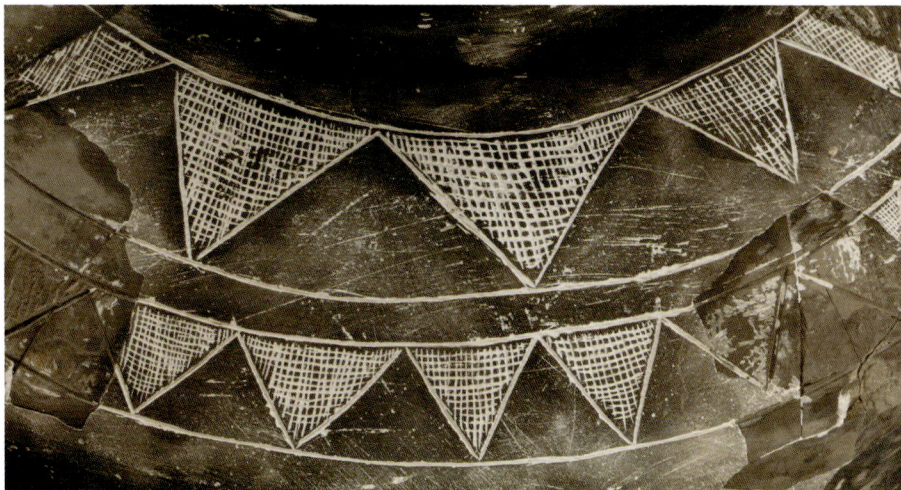

61. 灰陶三角纹罍 西周

口径18.7、底径14.0、高30.0厘米

泥质灰陶。侈口，折肩，收腹，小平底，肩上部饰有两圈
三角形方格纹，腹上部有弦纹，腹部饰有细绳纹。

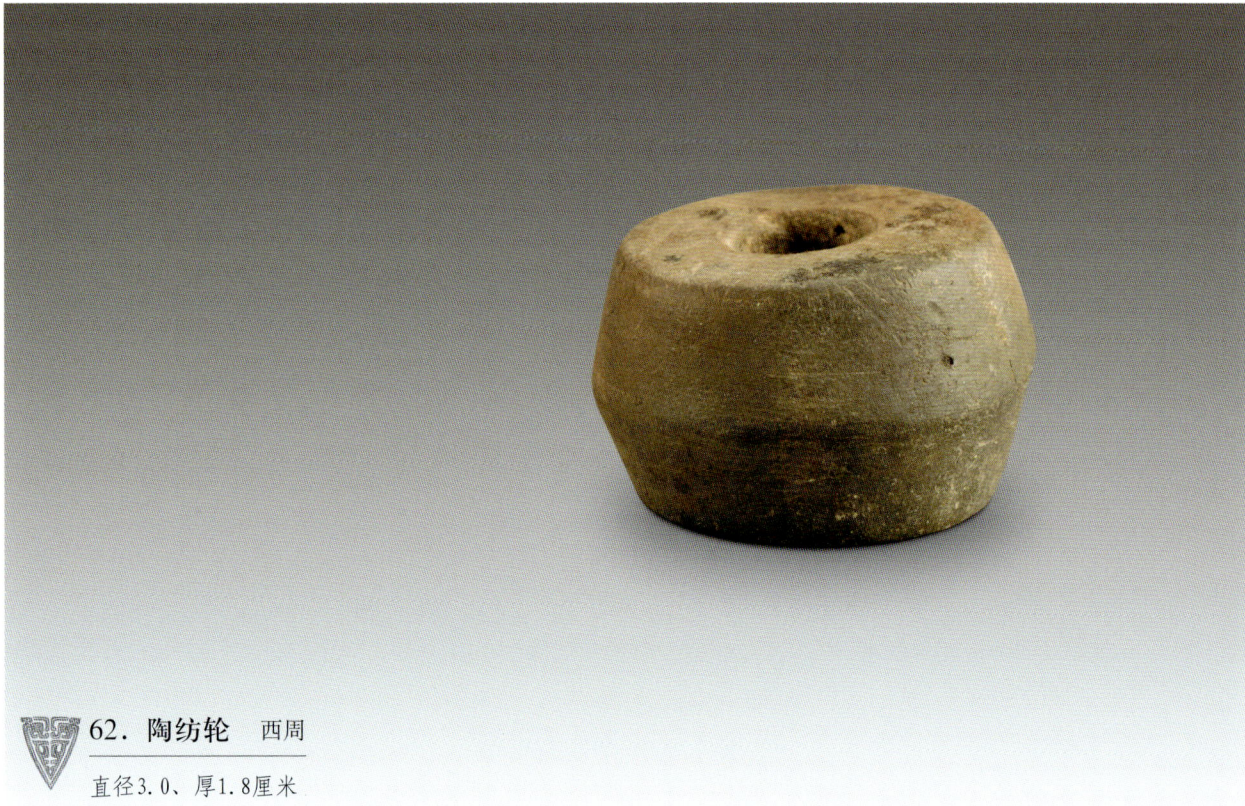

62. 陶纺轮 西周

直径3.0、厚1.8厘米
灰陶。近鼓形，中件有一穿孔。

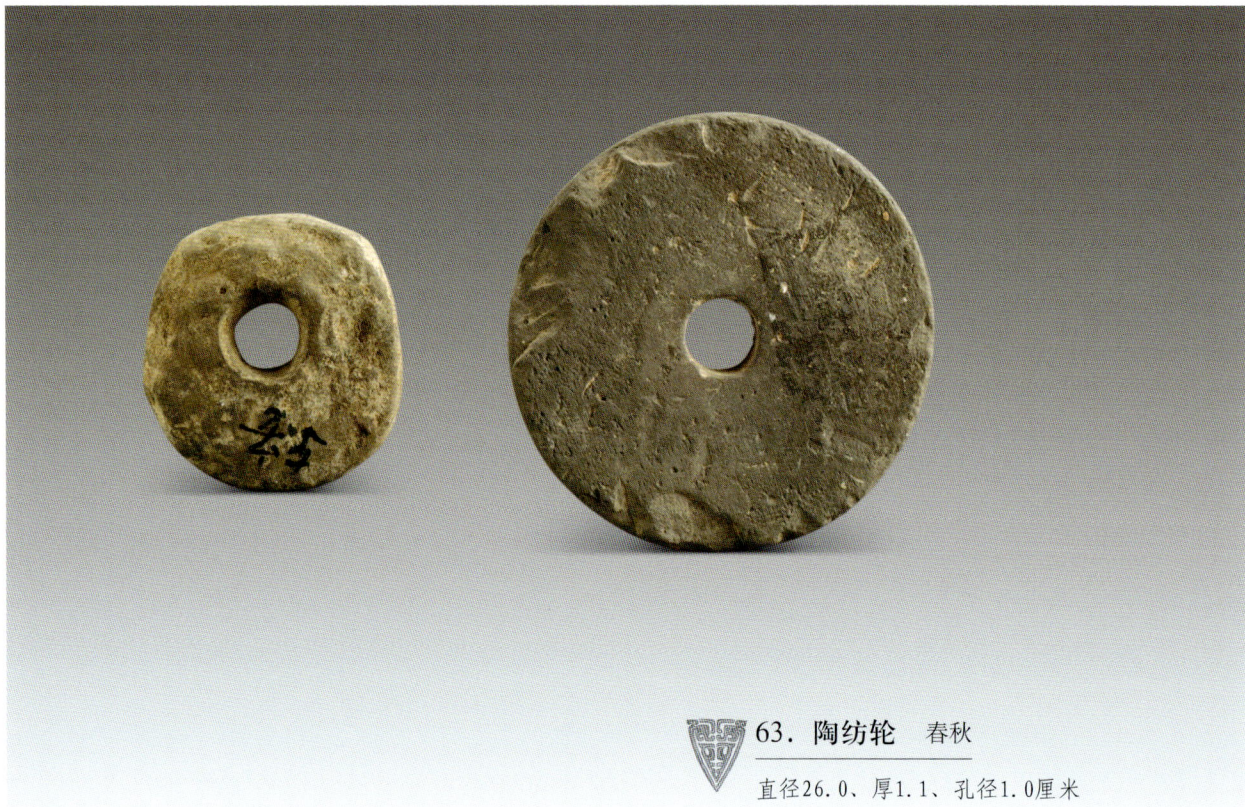

63. 陶纺轮 春秋

直径26.0、厚1.1、孔径1.0厘米
灰陶。圆饼形，中间有一穿孔，纺轮边缘稍残。

64. 红陶范 商周

长13.0、宽9.5、厚5.0厘米

夹细砂红陶。长方体，一面有"甲"字形凹槽，一面有圆形凹槽。

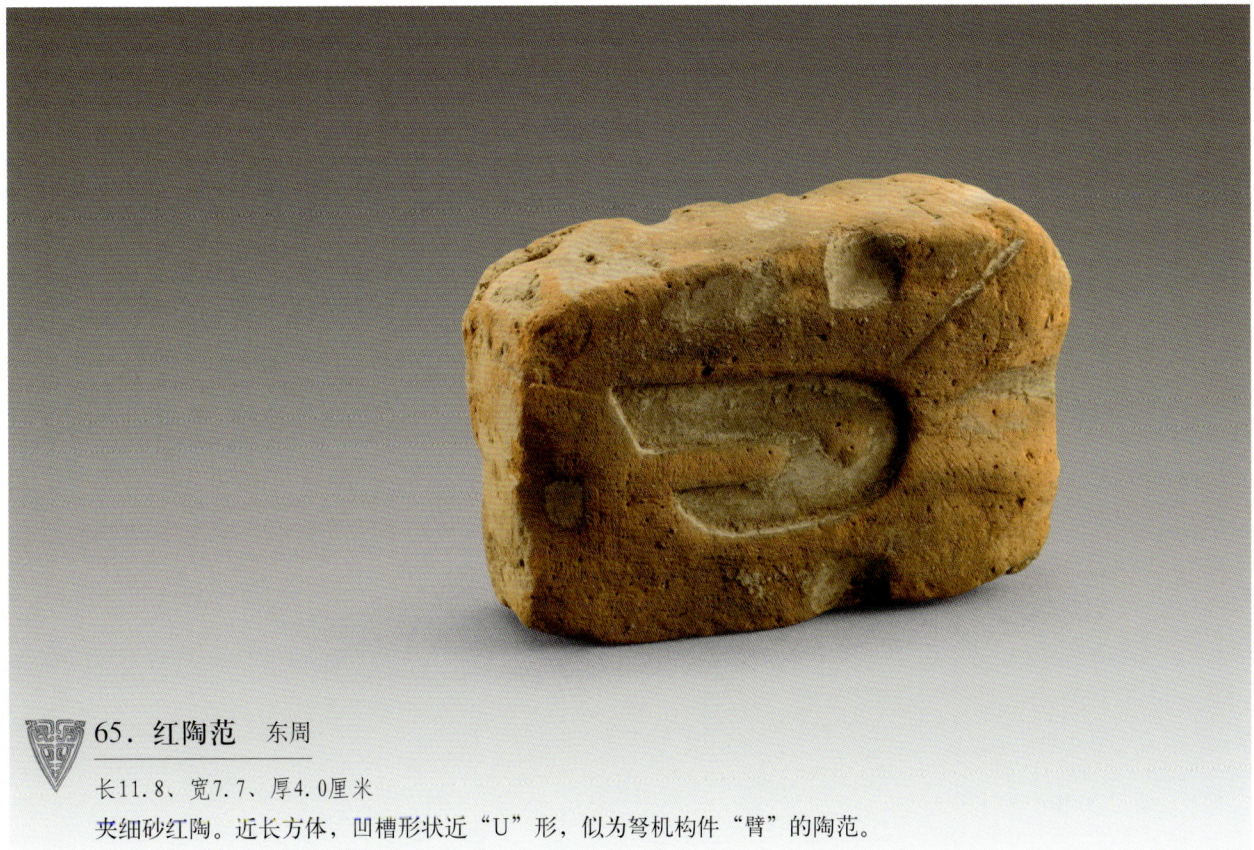

65. 红陶范 东周

长11.8、宽7.7、厚4.0厘米

夹细砂红陶。近长方体，凹槽形状近"U"形，似为弩机构件"臂"的陶范。

66．灰陶罐形鼎 战国

口径9.7、残高21.0厘米

夹砂灰褐陶。鼎身近球形，小直口，矮领，球腹，大圜底。
三蹄状细足。器身上部残留白色彩绘，大部分脱落。

67. 灰陶盖鼎　战国

口径23.9、通高31.7厘米

灰陶。鼎身半球形，子母口，深腹，圜底，两附耳，三蹄状足。鼎盖
盘形，弧面顶，上有一环形组，鼎身上半部及盖施白色彩绘。

68. 灰陶盖鼎　战国

口径40.6、通高37.2厘米

灰陶。鼎身半球形，子母口，深腹，圜底，两附耳，三蹄状足。鼎盖
盘形，弧面顶，上有一环形纽，鼎身上半部及盖施白色彩绘。

69. 灰陶盖鼎 战国

口径15.5、通高23.2厘米

灰陶。鼎身半球形，子母口，深腹，圜底，两附耳，三圆柱状足。鼎盖
豆形，上有一圈足状纽，鼎身上半部及盖施彩绘，大部分脱落。

70. 彩绘陶鼎 战国

口径13.7、高14.3厘米

夹砂灰陶，一式四件。鼎身近盆形，敞口，平折沿，
方唇，浅腹，斜壁，平底。三足细长，足底呈蹄状。
鼎内壁遍施红色，外壁及足施红色线形彩绘图案。

71. 彩绘龙耳方座陶簋 战国

通长41.0、口径15.5、底座高8.0、底径16.4×16.5、通高29.5厘米

灰陶。簋身呈深腹碗形，两侧各附一龙形耳，下有方座。器盖捉手做莲花
瓣状。通体施红色彩绘，部分脱落。

72. 彩绘龙耳方座陶簋　战国

通长42.0、口径14.8、底径16.7×16.4、通高27.5厘米

灰陶。簋身呈较扁的半球形，两侧各附一龙形耳，下有
方座。器盖盘形，捉手做莲花瓣状。通体施红色彩绘，
部分脱落。

73. 彩绘凤耳陶簋 战国

口径15.6、底径13.5、通高20.0厘米

灰陶。器身略呈筒形，口部微敛，深腹，下腹
微收，圆饼形大平底。器身两侧各附一凤形
耳。弧面盖。通体施红色彩绘，大部分脱落。

74．彩绘凤耳陶簋　战国

口径15.6、底径13.5、通高20.0厘米

灰陶。带盖，敛口，深鼓腹，腹上两凤耳，平底。
通体施红色彩绘，部分脱落。

75．灰陶敦　战国

宽20.8、高14.3厘米

灰陶。器身略呈半球形，子母口，口部略方，
小平底，两环形耳。器盖呈弧面，上有四环形
纽。器身上部施白色彩绘。

76. 灰陶盖豆 战国

口径13.1、底径12.3、通高29.5厘米

灰陶。豆盘为半球形，子母口，细高柄，喇叭口状圈足。
盘形器盖，顶部呈弧面，上有三环形纽。素面。

77. 灰陶盘　战国

宽32.6、高32.9厘米

灰陶。敞口外撇，宽沿，圆唇，腹斜收，小平底。

78. 灰陶觚　战国

口径8.2、高11.7厘米

灰陶。整体呈杯状，侈口，圆唇，曲腹较深，小平底。

79. 灰陶甗 战国

口径25.2、底径13.1、高23.1厘米

灰陶。敞口微外撇，方唇，沿上有两立耳，深腹，腹壁呈弧形斜收，平底，底部有长条形镂孔。矮圈足。

80. 灰陶甗 战国

口径25.0、高24.6厘米

灰陶。敞口，平折沿，方唇，腹斜收，平底，底部有长条形镂孔。矮圈足。

81. 彩绘花瓣口陶壶　战国

口径10.7、腹径25.5、通高37.3厘米

灰陶。侈口呈花瓣形，束颈，溜肩，肩部有两兽首状耳，鼓腹，圜底，圈足外撇。
壶盖为浅盘形，顶部呈弧面，中间有一半圆形纽。通体施彩绘，大部分脱落。

82. 彩绘花瓣口陶壶 战国

口径19.5、腹径25.4、通高38厘米

灰陶。花瓣形口，带盖，盖上有一凸状纽，束颈，颈下部有
两兽首状系，鼓腹，圈足。通体施彩绘，大部分脱落。

83. 弦纹灰陶壶　战国

口径15.7、腹径28.3、底径18.0、通高40.6厘米

灰陶。子母口，束颈，溜肩，鼓腹，腹较深，圜底，圈足
外撇。壶盖为浅盘形，顶部呈弧面。壶身外壁与壶盖顶面
均饰有多道弦纹，壶外壁装饰有丰富的暗格纹。

84. 彩绘陶匜 战国

长14.5、高5.8、宽9.0厘米

灰陶。整体似瓢形，略方，前有圆管状流，后部
内凹，圆形小平底。通体施彩绘，大部分脱落。

85. 陶舞俑　战国

彩绘灰陶。明器，共计60余件，其中陶马10匹，舞俑30余个，陶鼓、陶编磬约20件，马匹、人物及乐器上均饰有红色的彩绘。陶俑组合反映的是"宴乐歌舞、车马出行"的场景，整个场面规模宏大，对于研究战国时期的制陶业发展、礼乐制度、出行方式以及陶俑制度都具有较高的学术价值。

86. 陶舞俑 战国

彩绘灰陶。明器。

陶

瓷

器

87. 陶舞俑 战国

彩绘灰陶。明器。

沂源东安古城

88. 陶舞俑 战国

彩绘灰陶。明器。

89. 陶舞俑 战国

彩绘灰陶。明器。

90. 陶舞俑 战国

彩绘灰陶。明器。

91. 陶舞俑 战国

彩绘灰陶。明器。

92. "宫官" 瓦当　汉代

直径18.2、厚3.0厘米

灰陶。圆瓦当，当面饰内外两重弦纹，并有"十"字界栏分为四区，内圆
饰四乳丁，外圈上下区有阳文篆书"宫官"二字，左右两区饰云纹。

93. **"长乐未央"瓦当** 汉代

直径16.0、厚2.0厘米

灰陶。圆瓦当，当面中间及外侧各有两圈凸弦纹，内圆中部有一
大乳丁，双线"十"字栏界穿过乳丁，将当面分为四区，内有阳
文篆书"长乐未央"四字，顺序为逆时针旋读。

94. "千秋万岁" 灰陶砖 汉代

长23.0、宽15.7、厚5.0厘米

灰陶。一侧有"千秋万岁"字样，"千"字缺失，两端残。

95. 穿璧纹灰陶砖　汉代

长37.5、宽26.0、厚7.6厘米

灰陶。一面饰连续的三角形几何纹，一面饰
连续的穿璧纹，中间点缀有草叶纹等。

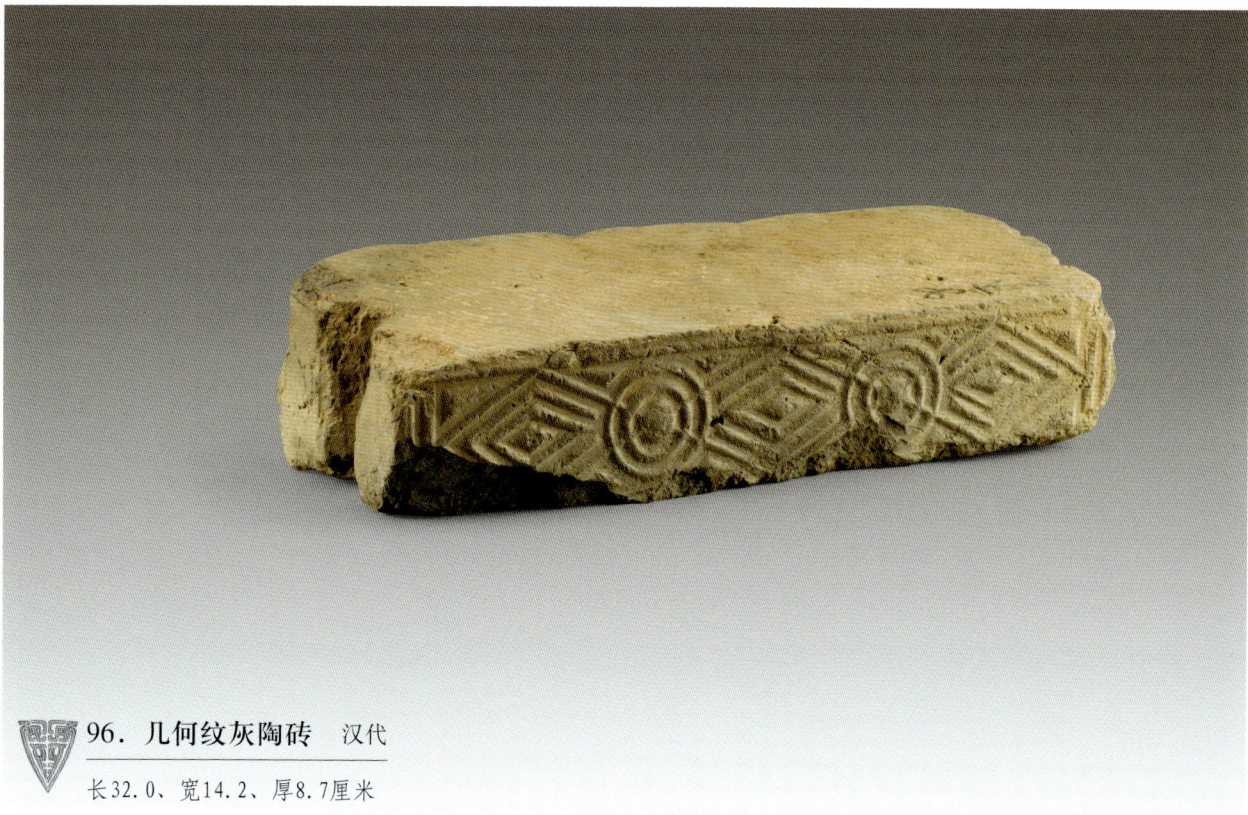

96. 几何纹灰陶砖 汉代

长32.0、宽14.2、厚8.7厘米

灰陶。一侧有几何纹，两边有卯榫，稍残。

97. 方格纹灰陶砖 汉代

长40.6、宽40.0、厚4.0厘米

灰陶。大体呈方形，正面饰方格纹，背面素面，四周边沿稍残。

98. 灰陶瓦 汉代

长29.7、宽28.2厘米
灰陶板瓦。素面，两角稍残。

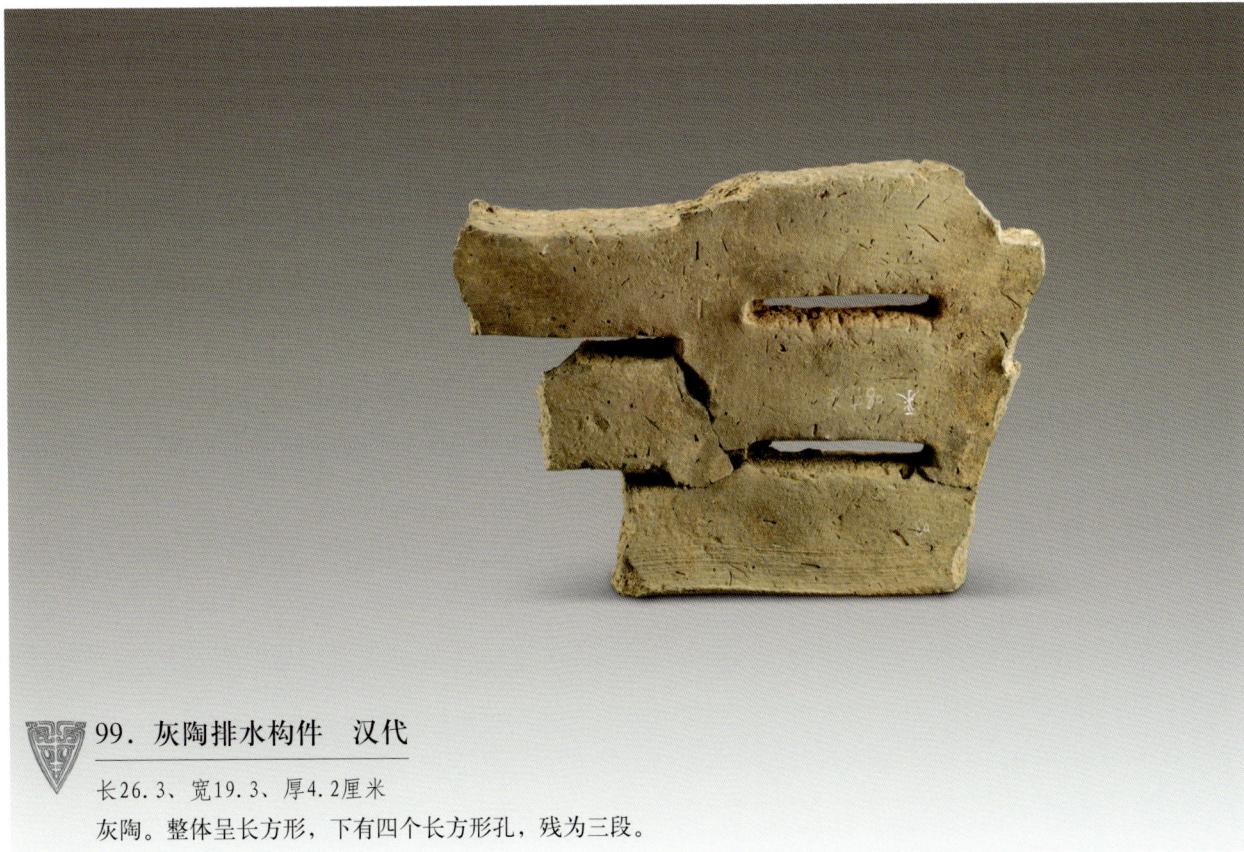

99. 灰陶排水构件 汉代

长26.3、宽19.3、厚4.2厘米
灰陶。整体呈长方形，下有四个长方形孔，残为三段。

100. 釉陶壶 汉代

口径13.5、底径14.7、高31.0厘米

泥质红陶。盘口，高束颈，溜肩，鼓腹，下腹部内收直下，大平底。肩部上
下饰两组弦纹，下方弦纹位置左右各饰一铺首衔环。器身通体施绿釉。

101. 釉陶壶　汉代

口径12.7、底径13.5、高30.6厘米

泥质红陶。盘口，高束颈，溜肩，鼓腹，下腹部内收直下，大平底。肩部
上下饰两组弦纹，弦纹带之间左右各饰一半环形系组。器身通体施绿釉。

102. 白地黑花盆　元代

口径34.1、底径17.2、高10.8厘米

敞口，圆唇，卷沿，斜壁，圈足。器内施白釉，口沿饰莲瓣纹，内
壁饰两折枝花，底部绘荷叶纹，外壁无釉露胎。磁州窑系产品。

103. 白地黑花四系瓶　元代

口径4.7、足径9.5、高22.6厘米

小口，沿微侈，圆唇，束颈，溜肩，卵形腹，矮圈足。肩颈间置四系，上部施白釉，下部施酱釉，肩腹部饰黑花和弦纹。磁州窑系产品。

104. 白地黑花四系瓶 元代

口径4.7、足径9.5、高22.6厘米

侈口，圆唇，溜肩，椭圆形腹，圈足。肩颈间置四系，上部施
白釉，下部施酱釉，肩腹部饰黑花和弦纹，磁州窑系产品。

105. 酱釉瓷罐 元代

口径19.5、足径14.8、高25.0厘米

敛口，矮领，丰肩，鼓腹，下腹斜收，矮圈足。肩颈间置二系，外侧上部施酱釉，下部无釉露胎，内侧施褐釉，器身有土沁附着。

106. 金簪 元代

长8.0厘米，重1.5克

纯金材质。簪身细长，尾部略饰纹络，尾端卷曲呈钩状。

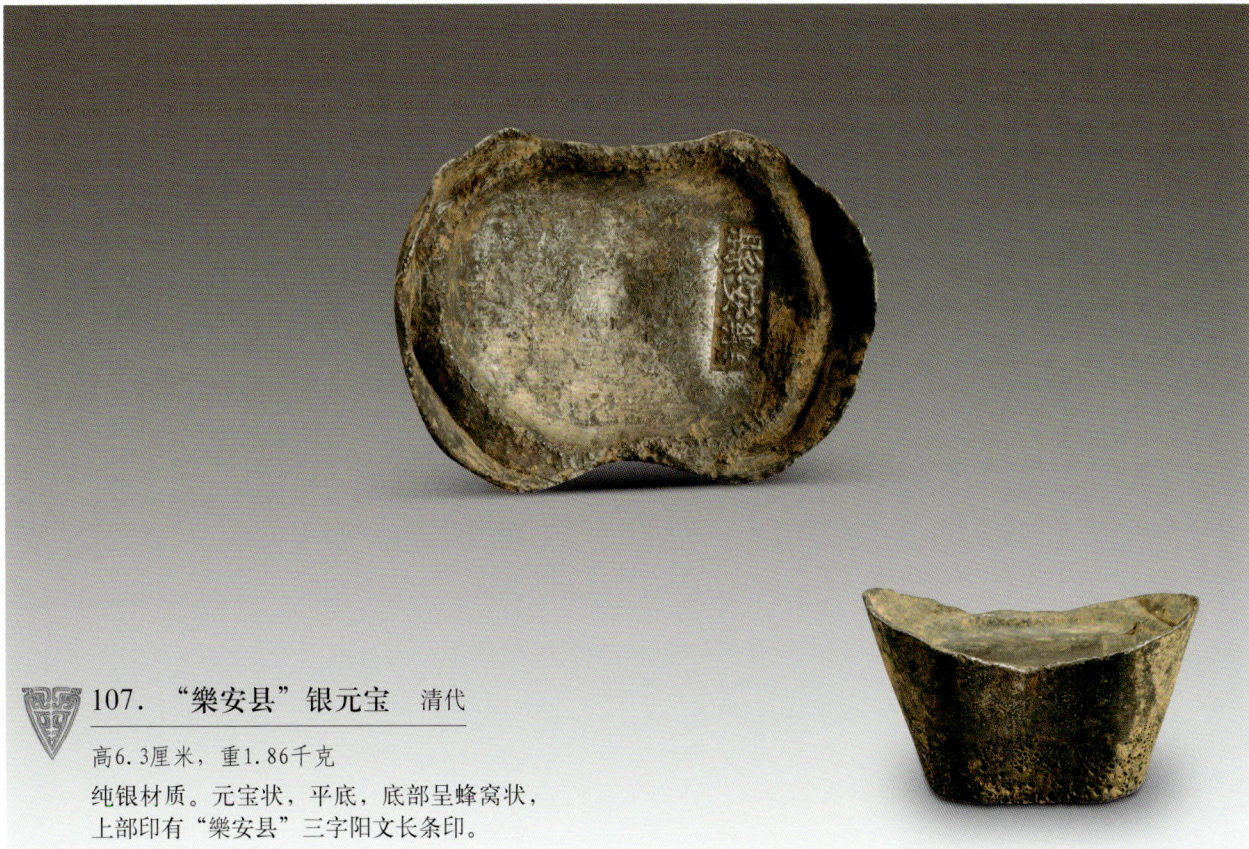

107. "樂安县" 银元宝　清代

高6.3厘米，重1.86千克

纯银材质。元宝状，平底，底部呈蜂窝状，上部印有"樂安县"三字阳文长条印。

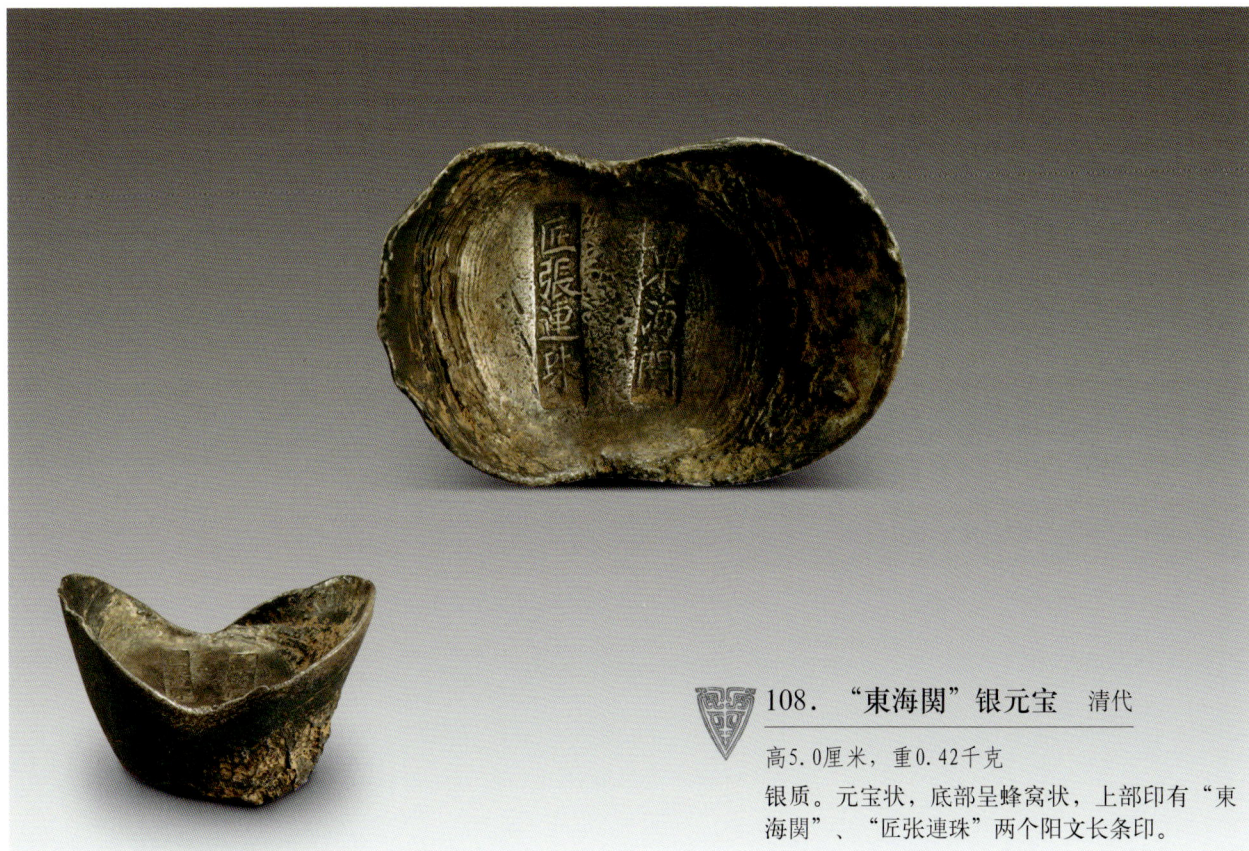

108. "東海関" 银元宝　清代

高5.0厘米，重0.42千克

银质。元宝状，底部呈蜂窝状，上部印有"東海関"、"匠张連珠"两个阳文长条印。

109. "壽"字银元宝　清代

左：高2.1厘米，重34.1克

右：高2.0厘米，重34.1克

银质。元宝状，平底，一侧呈蜂窝状，上部印有"壽"字圆形阳文印。

110. 饕餮纹铜铙　　商代

通高19.8、舞长11.1、舞宽8.5、铣长12.5、铣间距15.0厘米

铙体为合瓦形，横宽，口部内凹；柄为圆筒状，有锥度，下粗上细，中空与铙体相通。"正鼓"处作方形突起。外表两面皆饰饕餮纹，铙体内部近口处饰一凸弦纹，内部光滑，未见调音痕迹。铣部到舞部中心，一直到柄部有清晰的范线，浇铸口与排气口均在柄部。

111. 饕餮纹铜铙　商代

通高16.4、舞长8.9、舞宽6.7、铣长9.7、铣间距11.4厘米

铙体为合瓦形，横宽，口部内凹；柄为圆筒状，有锥度，下粗上细，中空与铙体相通。"正鼓"处作方形突起。外表两面皆饰饕餮纹，铙体内部近口处饰一凸弦纹，内部光滑，未见调音痕迹。铣部到舞部中心，一直到柄部有清晰的范线，浇铸口与排气口均在柄部。

112. 饕餮纹铜铙　商代

通高23.0、舞长13.5、舞宽9.9、铣长14.7、铣间距17.9厘米

铙体为合瓦形，横宽，口部内凹；柄为圆筒状，有锥度，下粗上细，中空与铙体相通。"正鼓"处作方形突起。外表两面皆饰饕餮纹，铙体内部近口处饰一凸弦纹，内部光滑，未见调音痕迹。铣部到舞部中心，一直到柄部有清晰的范线，浇铸口与排气口均在柄部。

113. 直内戈　商代

通长26.8、援长19.3、内长7.5厘米

无胡直内戈，援宽而长，中间起脊，截面呈菱形；有上下阑，下阑略
长于上阑；内部有一圆穿，末端有几何形装饰纹，铭文"臣"字。

114. 叶脉纹环首铜削　商代

通长22.5、刃长12.3、柄长9.6厘米

整体为弧形，刀背上凸，刃微凹。刀身与刀柄间有凸起的格；刀身宽于刀柄，相
接处刀身下端略呈直角。窄长刀柄，饰叶脉纹，中部有横向凹槽。椭圆形环首。

115. 嵌绿松石铜弓形器　商代

长34.6、通高10.2、弓背长18.6、中宽5.6、銮铃径3.1厘米

弓背中部饰太阳纹，嵌绿松石，两弓臂臂端饰镂孔瓣状銮铃，镂孔
为四个，内有卵石。

沂
源
东
安
古
城

116. 嵌绿松石铜弓形器　商代

长30.4、通高9.9、弓背长17.2、中宽5.2、銮铃径2.7厘米

弓背中部饰凸棱纹，嵌绿松石，弓背与弓臂连接处各有一镂孔，两弓
臂臂端饰镂孔瓣状銮铃，镂孔为四个，内有卵石。

117. 菱形方格纹兽首铜车具　商代

长27.5、直径1.5厘米

兽首圆柱状，中空，顶端有一穿孔，柱体饰菱形
方格纹，柱体断裂。

118. 铜盖鼎 战国

口径17.8、通高23.0厘米

鼎身为半球形，子母口，两附耳，蹄状足。鼎盖为浅盘
形，顶部为弧面，上有三个环形纽。器、盖皆为素面。

119. 铜敦 战国

口径13.7、通高16.5厘米

器身为半球形，子母口，两环形耳，三环形足。器盖为半球形，三环形纽。二者合为球形，通体素面。

120．铜敦 战国

口径14.8、通高17.0厘米

器身为半球形，子母口，两环形耳，三环形足。器盖
为半球形，三环形纽。二者合为球形，通体素面。

121. 铜敦 战国

口径14.8、通高17.0厘米

器身为半球形，子母口，两环形耳，三环形足。器盖
为半球形，三环形纽。二者合为球形，通体素面。

沂源东安古城

122. 铜敦 战国

口径15.0、通高17.3厘米

器身为半球形，子母口，两环形耳，三环形足。器盖为半球形，三环形纽。二者合为球形，通体素面。

123. 铜盖豆　战国

口径13.5、通高38.3厘米
豆盘为半球形，子母口，两环形耳。豆柄
为细高圆柱形，喇叭口形圈足。器盖为半
球形，上有三环形纽。通体素面。

124. 铜盖豆　战国

口径13.5、通高38.0厘米
豆盘为半球形，子母口，两环形耳。豆柄
为细高圆柱形，喇叭口形圈足。器盖为半
球形，上有三环形纽。通体素面。

125. 铜提梁壶　东周

口径7.0、足径9.0、通高39.5厘米

由壶身、壶盖和提梁组成。子母口，直颈，溜肩，圆腹，
高圈足。腹部饰一弦纹，有一环形錾。提梁由四竹节形构
件连接一弓形提手组成，盖上两环与竹节相连。

126. 铜提梁壶 战国

口径7.6、通高36.5厘米

子母口，直颈，溜肩，鼓腹，高圈足。腹部有一环形鋬。素面。环链式提梁，由三节组成。器盖上方有二组，各套一环与提梁相连。

127. 铜提梁罐　战国

口径4.4、底径5.0厘米

共两件，罐身大小相同，其中一件罐盖和提梁缺失。器身
为直口，斜沿，矮领，斜折肩，小平底。肩部有二半环
纽，上联提梁，提梁由三节组成，各有圆环相联。器盖为
斜直口盘形，顶部较平。通体素面。

128. 铜盘　战国

口径37.5、足径16.7、通高9.5厘米

侈口，平沿，上腹较直，中下部折收，矮圈足。盘两
侧各有一环耳，上缀铜环。素面，可见范线。

129. 铜匜 *东周*

长20.3、宽12.3、高9.8厘米

器身整体呈瓢形，前有向上翘起的流，后有环形鋬，小平底，通体素面。

130. 铜铫 *东周*

器体长17.0、宽13.2、高12.8厘米

器身为椭圆形直口，下部内收，平底。器身长端两侧各有一环形鋬。器盖为椭圆口盘形，顶部微鼓，上有三环形纽。通体素面。

131.铜铜和 战国

长17.1、宽12.8、高11.8厘米

器身为椭圆形，直口，下部内收，平底。器身长端两侧各有一环形
錾。器盖为椭圆口盘形，顶部微鼓，上有三环形纽。通体素面。

132. 铜铃 战国

通高3.9厘米

共5件。弧形凹口铃，横截面呈合瓦形，平顶，上有半环形小纽，内悬铃舌，素面。

沂源东安古城

133. 铜带钩　战国

长10.0、宽1.0厘米
钩首残断，背部饰两道凸弦纹。

134. 铜带钩　战国

长9.0、宽2.7厘米

135. 铜戈　西周

通长22.8、援长16.0、内长6.2厘米

直内有胡，内部有一长方形穿，胡残断，有两半圆
形穿，戈身扁平，戈身前端略呈圭首形。

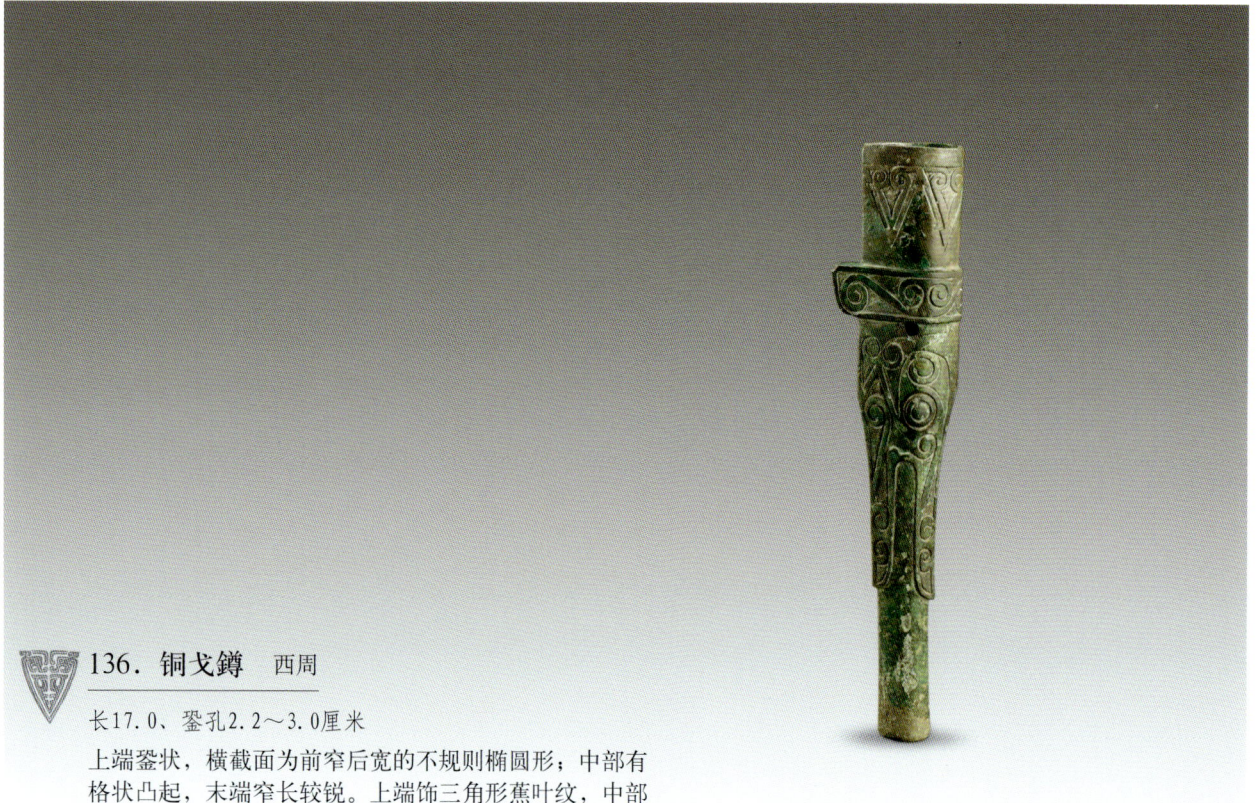

136. 铜戈鐏 西周

长17.0、鋬孔2.2～3.0厘米

上端銎状，横截面为前窄后宽的不规则椭圆形；中部有格状凸起，末端窄长较锐。上端饰三角形蕉叶纹，中部格处饰"S"形勾云纹，末端为兽面吞口形。

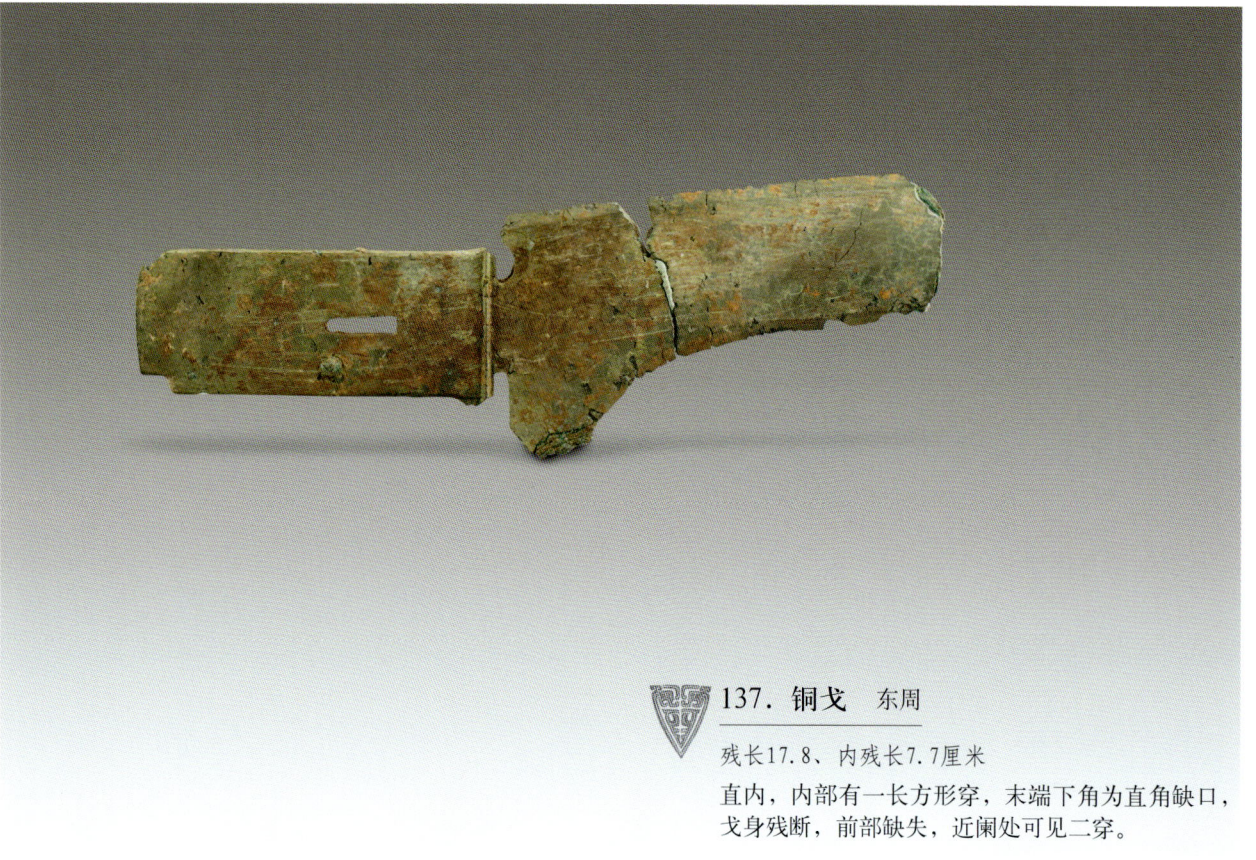

137. 铜戈 东周

残长17.8、内残长7.7厘米

直内，内部有一长方形穿，末端下角为直角缺口，戈身残断，前部缺失，近阑处可见二穿。

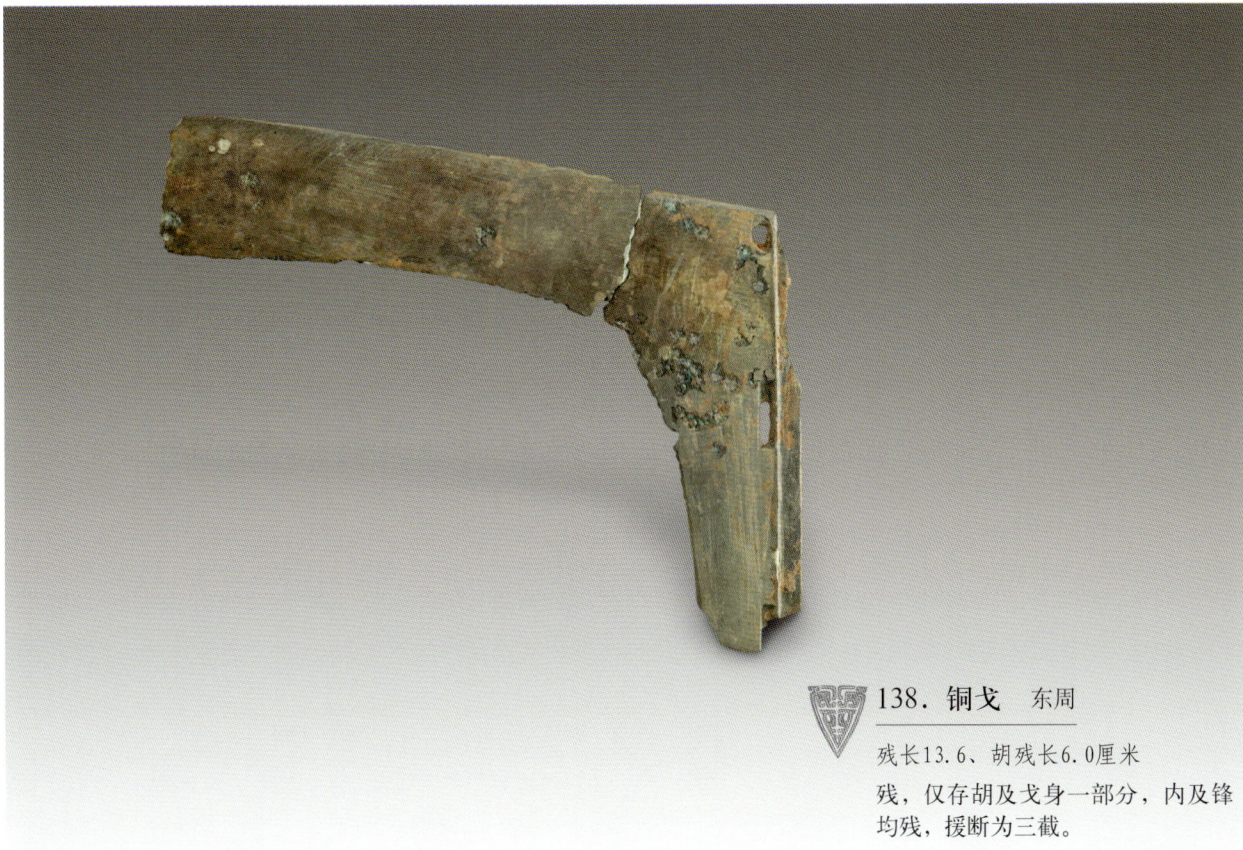

138. 铜戈 东周

残长13.6、胡残长6.0厘米

残，仅存胡及戈身一部分，内及锋均残，援断为三截。

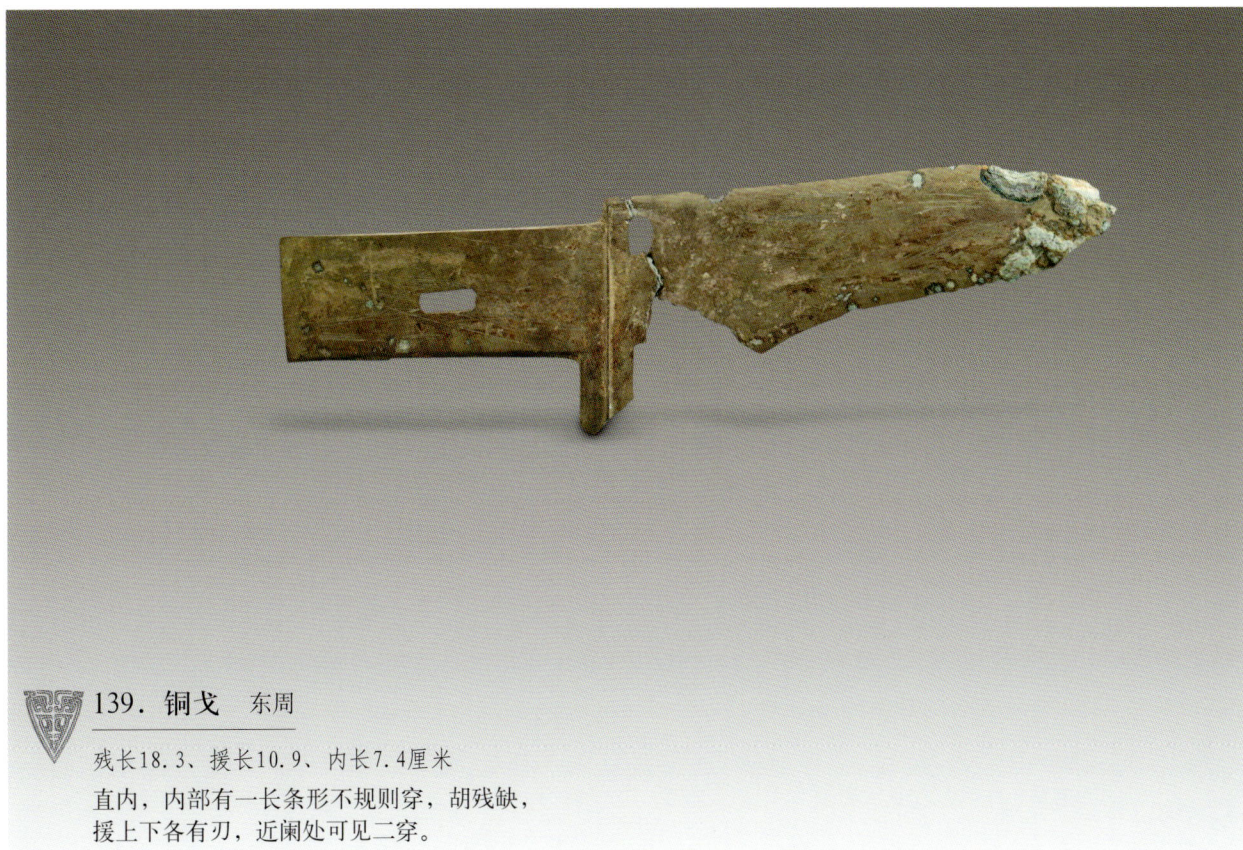

139. 铜戈 东周

残长18.3、援长10.9、内长7.4厘米

直内，内部有一长条形不规则穿，胡残缺，援上下各有刃，近阑处可见二穿。

140．铜戈 战国

通长20.3、援长13.0、内长7.3厘米

直内，内部有一长方形穿，胡残断，援上下各有刃，戈锋残断。

141．铜戈 战国

援长12.5、内长6.3厘米

直内，内部有一长方形穿孔，长胡，下端方折，下阑较长，近阑处有
三梯形穿，援窄长，上扬，戈身扁平，援上下及胡前端均有刃。

142. 铜戈　战国

援长13.1、内长8.0厘米

直内，内部有一长方形穿，胡下端方折，下阑较长，近阑处有二穿，上穿较短，下穿呈长条形。援窄长，上扬，戈身中部起脊，横截面呈菱形，援上下及胡前端均有刃。

143. 铜戈　战国

通长29.8、援长18.6、内长10.7厘米

直内，内部有弧角长方形穿孔，内边缘皆有刃，后端斜上呈锐角。长胡，下端呈钝角，下阑较长，四穿。援扁平，窄长，束腰，援上下及胡均有刃。

144. 铜戈 战国

通长20.9、援长14.1、内长6.3厘米

直内，上有一长方形穿，末端下角有缺口，内身饰弦纹和涡纹；长胡，下端呈直角，下阑较长，四穿，最上为圆穿，其余为长方形穿。援窄长，上扬，中部起脊，横截面呈菱形，援上下及胡前端均有刃。

145. 铜戈 战国

通长30.3、援长9.2、内长10.4厘米

直内，有一长方形穿，内末端下方有缺口，呈直角；下阑较长，长胡，底端直角，近阑处三穿，最上穿近圆形，其他两穿为长方形。扁平援，窄长，上扬，援上下及胡前端均有刃。

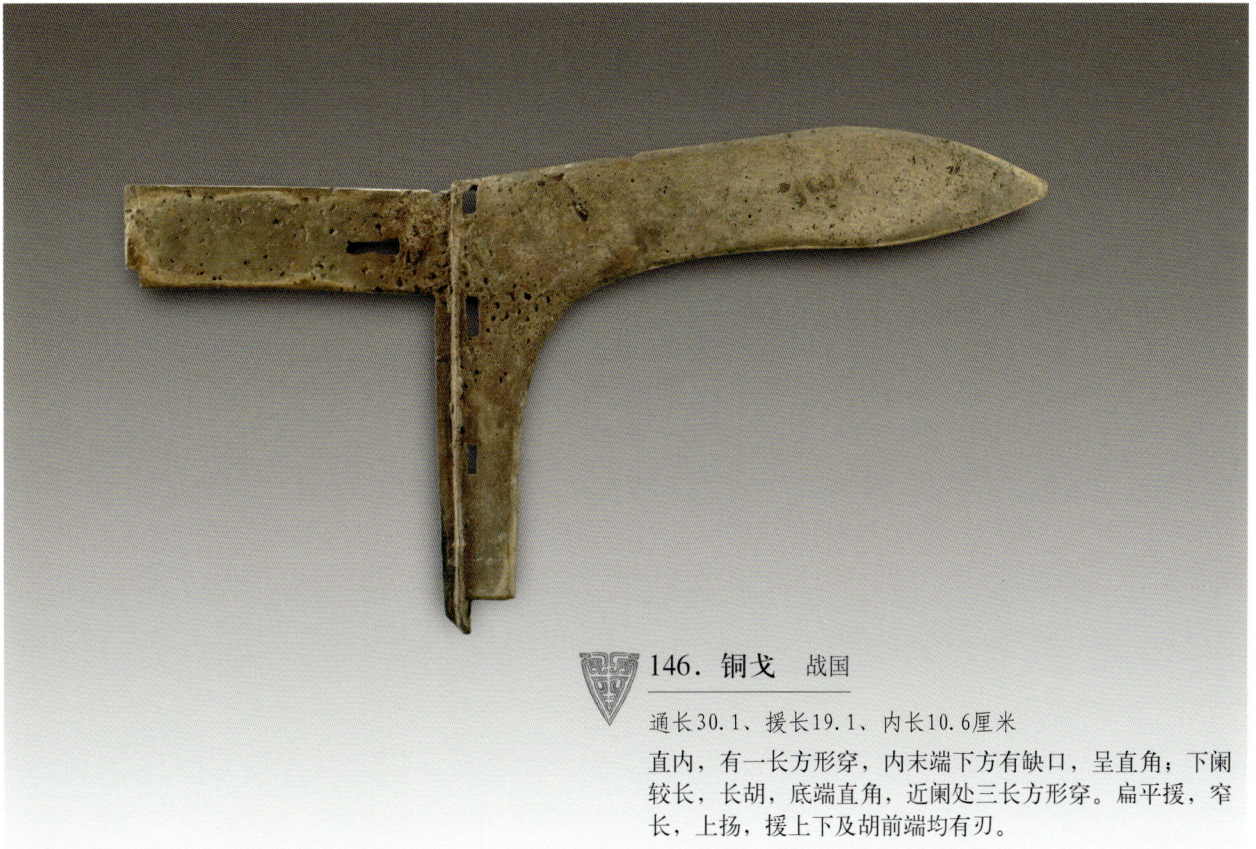

146. 铜戈 战国

通长30.1、援长19.1、内长10.6厘米

直内，有一长方形穿，内末端下方有缺口，呈直角；下阑
较长，长胡，底端直角，近阑处三长方形穿。扁平援，窄
长，上扬，援上下及胡前端均有刃。

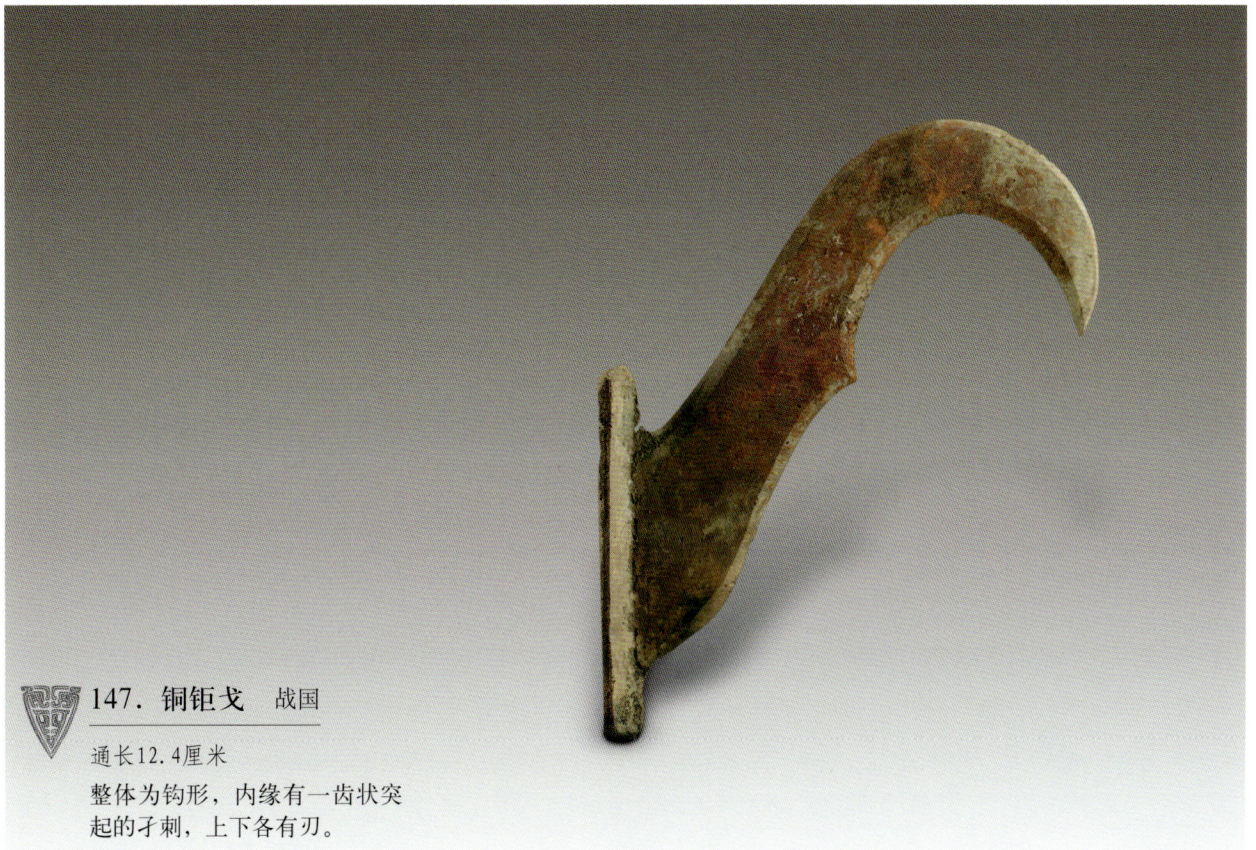

147. 铜钜戈 战国

通长12.4厘米

整体为钩形，内缘有一齿状突
起的孑刺，上下各有刃。

148. 铜矛 东周

残长12.0、直径1.7厘米

銎状骹，上有一对穿孔，叶部残缺不完整。

149. 铜矛 东周

残长14.9厘米

銎状骹，上有一对穿孔，矛身中部起柱状脊，叶末端与骹相接处作弧形。矛身前段残缺。

150. 铜剑　东周

通长43.6厘米

扁颈，无格，剑身起脊，横截面呈菱形，
剑身前端近锋处内收。

151. 铜剑　战国

通长26.7厘米

扁茎残断，无格，剑身略起脊，横截面呈菱形，
前端近锋处内收。

沂 源 东 安 古 城

152. 铜剑 战国

通长47.6厘米

剑首残缺，圆颈，有菱形薄格，剑身起脊，横截面作菱形，前端近锋处有明显的内收。

153. 铜剑 战国

通长43.2厘米

圆颈，上下等粗，中有两条凸箍；圆首，顶面中部内凹。菱形薄格，微残，剑身中部起脊，横截面呈菱形。

154. 铜剑 战国

残长30.0厘米

圆颈，残断。菱形格，剑身中部起脊，横截面呈菱形，长条形剑身自格部往锋处渐窄，前端残缺。

155. 铜剑 战国

残长24.4厘米

扁颈，颈边缘呈不规则锯齿形，似为长剑的二次利用痕迹。剑身有柱形脊。

沂源东安古城

156. 铜剑 战国

通长47.5厘米

圆首，圆茎，茎上有两箍，厚格，剑身起脊，
横截面呈菱形，剑身前端明显内收。

157. 铜剑 秦代

通长27.0厘米

圆首圆颈，颈部前细后粗，菱形薄格，
剑身较短，有柱形脊。

158. 铜殳首 战国

长7.5厘米

上为球形，下为管状銎，外饰一圈凸箍。

159. 铜镞 战国

通长3.8、刃长3.3厘米

镞身断面呈三角形，脊三棱为刃，刃后略出锋，镞身有三角形血槽，铤残断。

沂源东安古城

160. 铜镞 战国

共10件，通长5.3～7.3、刃长（残）3.2～4.5厘米
双翼后展，中部起脊，刃部较锋利。

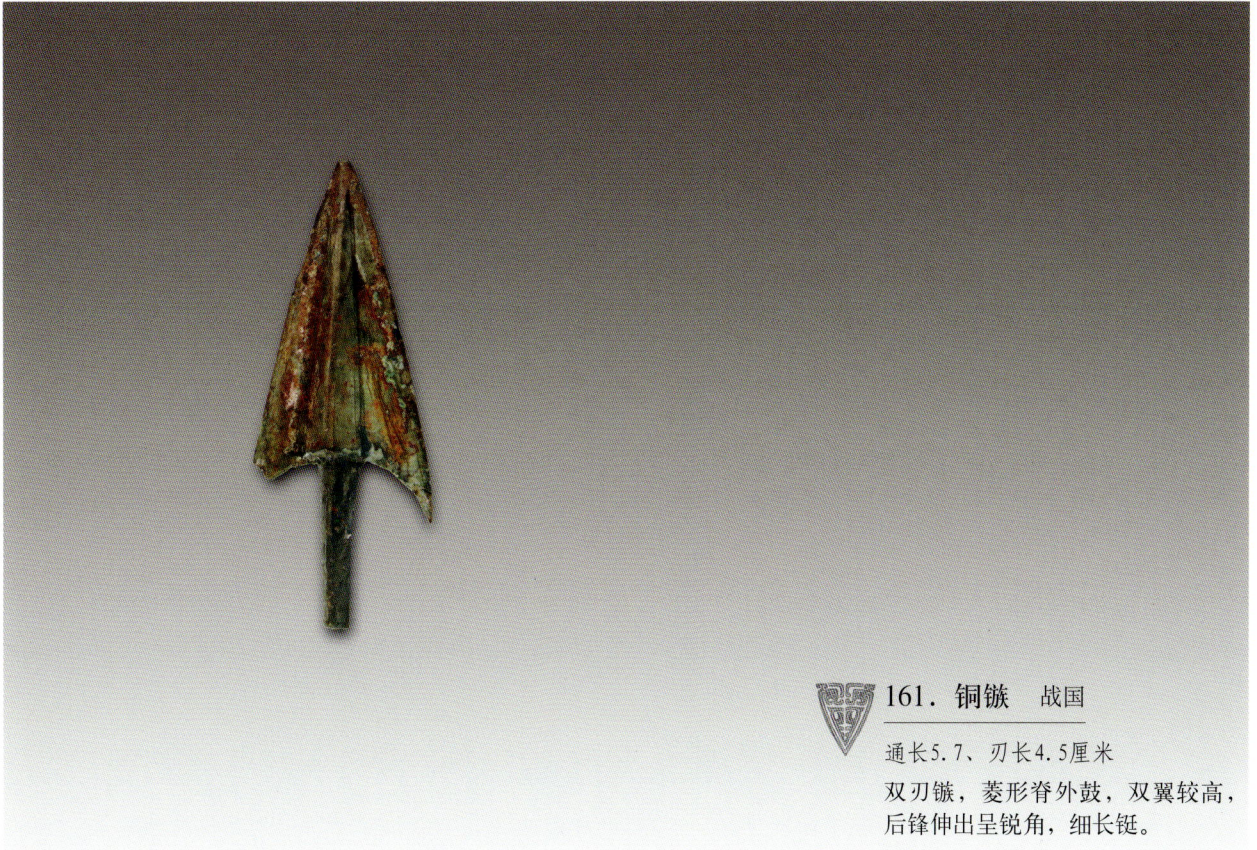

161. 铜镞 战国

通长5.7、刃长4.5厘米

双刃镞，菱形脊外鼓，双翼较高，后锋伸出呈锐角，细长铤。

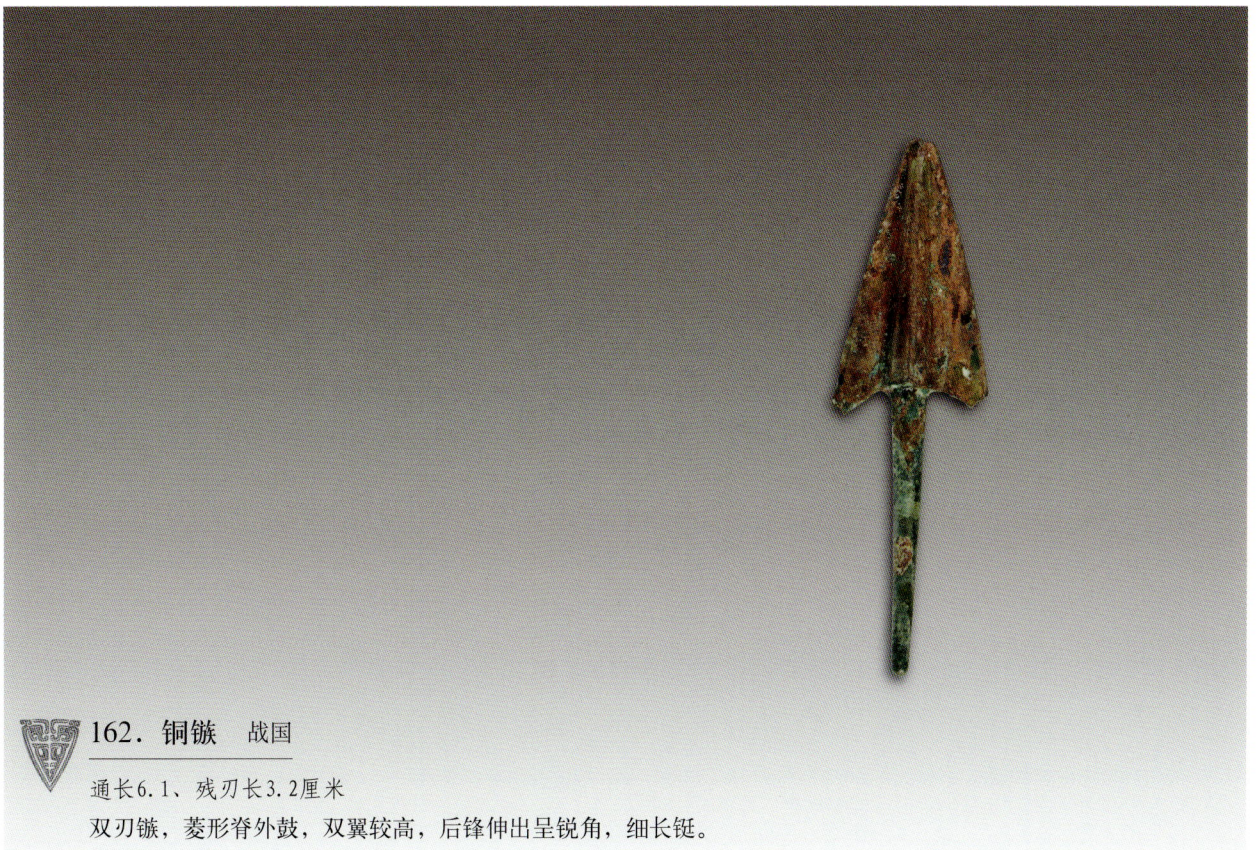

162. 铜镞 战国

通长6.1、残刃长3.2厘米

双刃镞，菱形脊外鼓，双翼较高，后锋伸出呈锐角，细长铤。

163．铜镞 战国

通长6.3、残刃长3.4厘米

双刃镞，菱形脊外鼓，双翼较高，后锋伸出呈锐角，细长铤。

164．铜镞 战国

通长7.3、刃长4.3厘米

双刃镞，菱形脊外鼓，双翼较高，后锋伸出呈锐角，细长铤。

165. 铜镞　战国

通长6.8、残刃长3.7厘米

双刃镞，菱形脊外鼓，双翼较高，后锋残断，细长铤。

166. 铜镞　战国

通长5.3、刃长4.4厘米

双刃镞，菱形脊外鼓，双翼较高，后锋伸出呈锐角，细长铤。

167. 铜镞　战国

通长6.8、刃长4.5厘米

双刃镞，菱形脊外鼓，双翼较高，后
锋伸出呈锐角，细长铤。

168. 铜车軎、车辖　战国

车軎高6.7厘米，车辖长7.4厘米

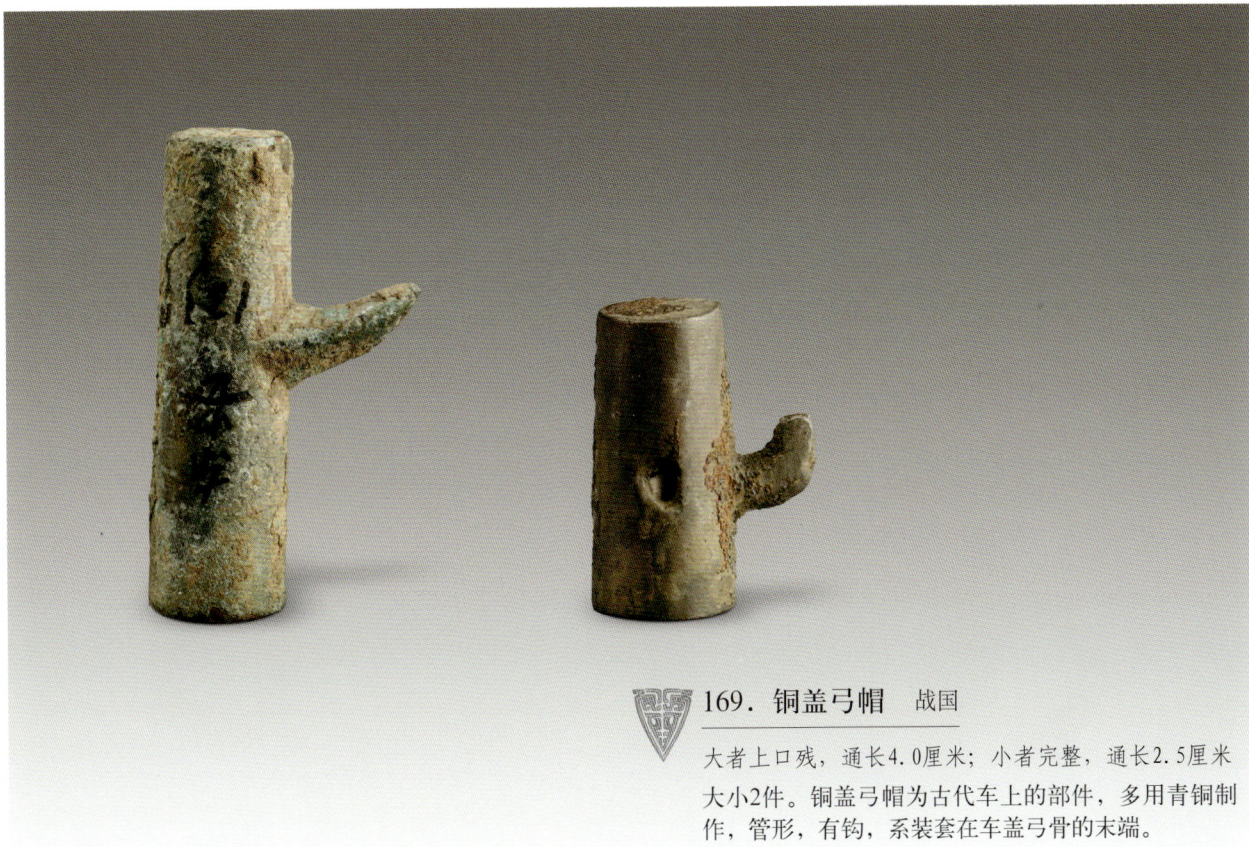

169. 铜盖弓帽 战国

大者上口残，通长4.0厘米；小者完整，通长2.5厘米
大小2件。铜盖弓帽为古代车上的部件，多用青铜制
作，管形，有钩，系装套在车盖弓骨的末端。

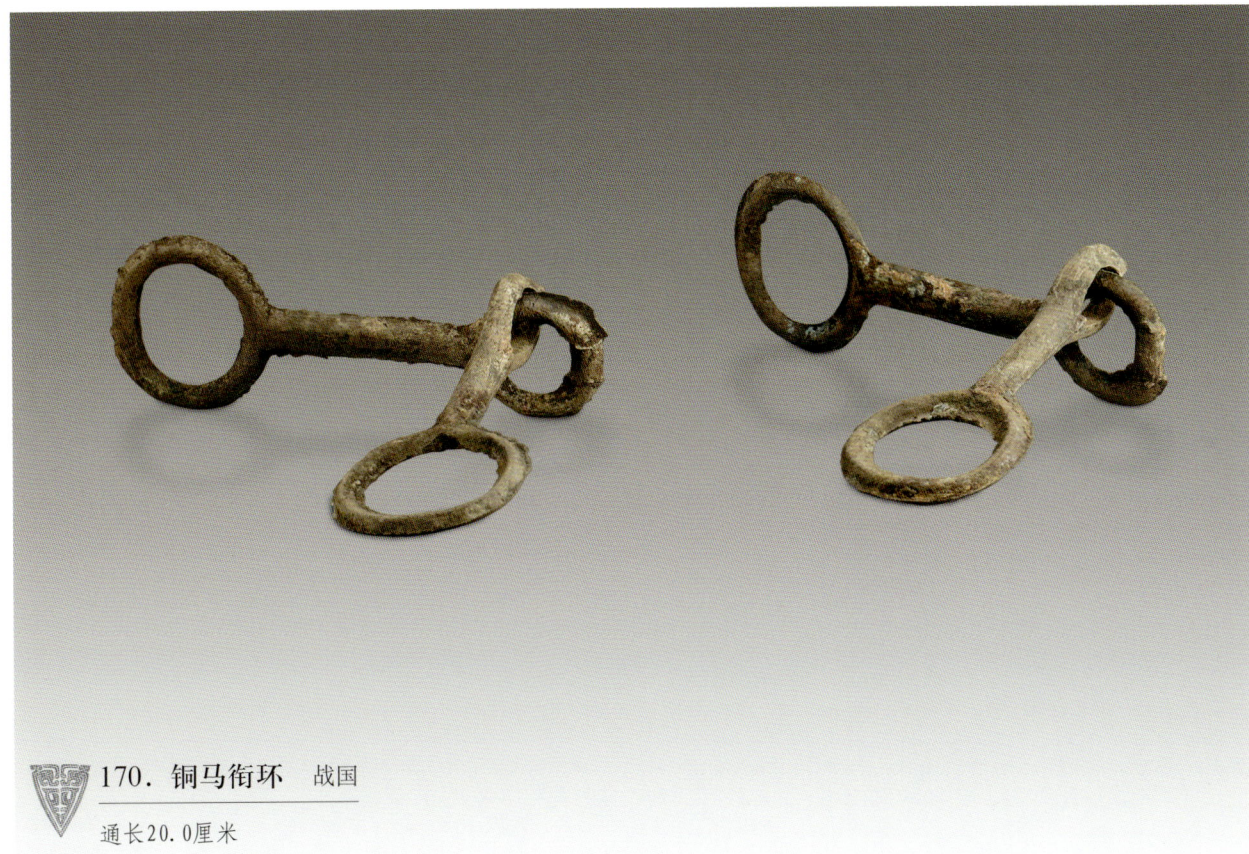

170. 铜马衔环 战国

通长20.0厘米

171. 环耳铜敦　西汉

口径15.7、通高16.3厘米

器身为半球形，子母口，两环形耳，三环形足。器盖
为半球形，三环形纽。二者合为球形，通体素面。

172. 环耳铜敦　西汉

口径15.7、通高16.3厘米

器身为半球形，子母口，两环形耳，三环形足。器盖
为半球形，三环形纽。二者合为球形，通体素面。

173. 铜弩机构件　汉代

通长14.7厘米

为弩机机心部分，仅存悬刀、望山、牙。弩机，是弩的重要构件之一，装置于弩的后部。

174. 铜镞　汉代

通长5.0、刃长3.9厘米

镞身主体为圆锥形，三翼刃，较低矮，铤残断。

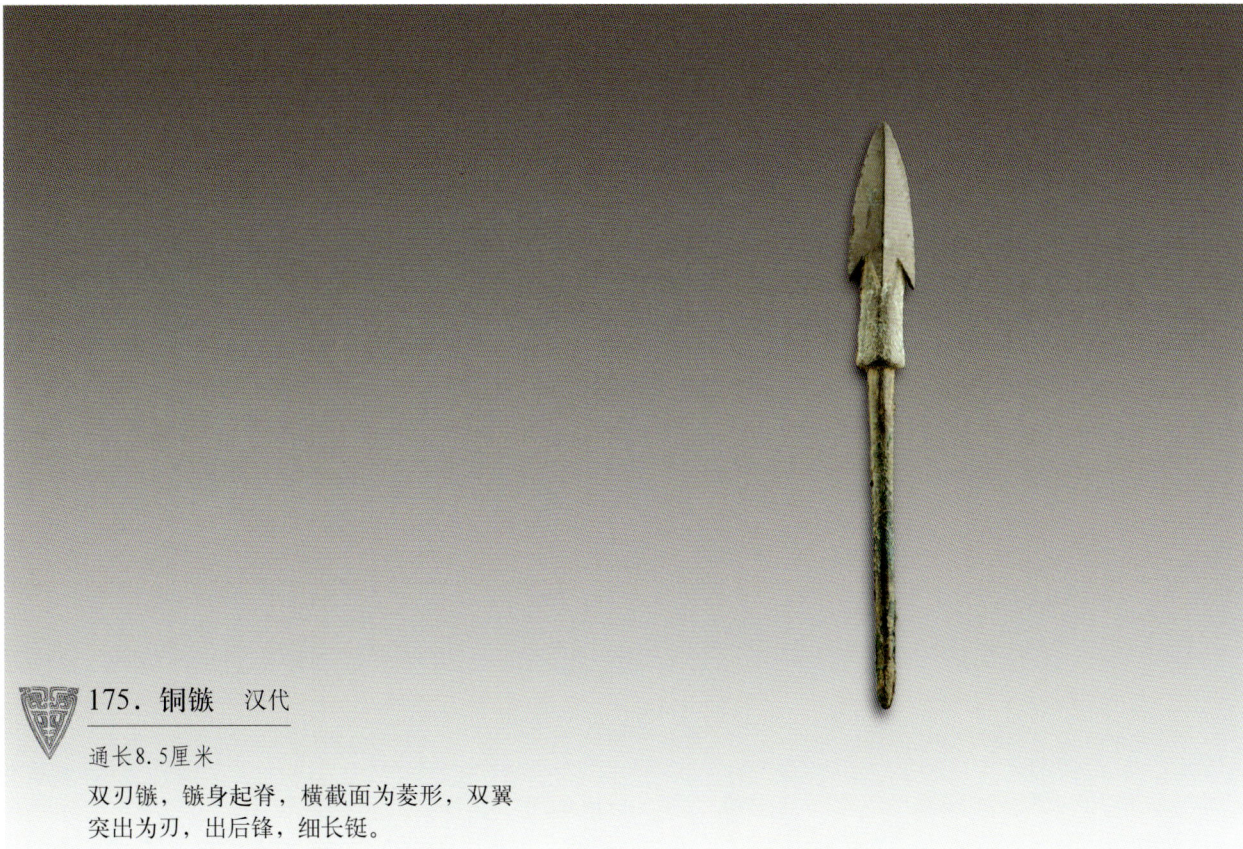

175. 铜镞 汉代

通长8.5厘米

双刃镞，镞身起脊，横截面为菱形，双翼突出为刃，出后锋，细长铤。

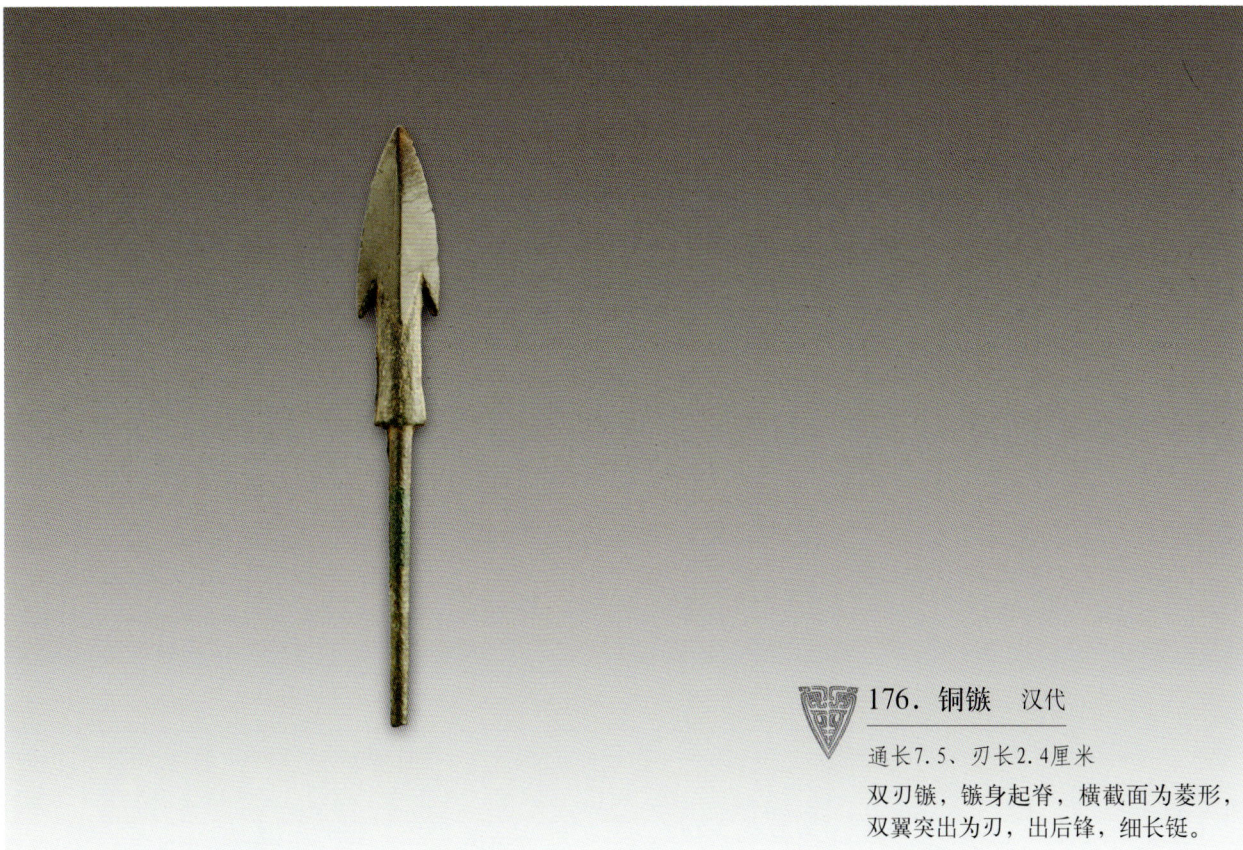

176. 铜镞 汉代

通长7.5、刃长2.4厘米

双刃镞，镞身起脊，横截面为菱形，双翼突出为刃，出后锋，细长铤。

青 铜 器

177. 兽面铜饰件 汉代

长8.2、宽6.4厘米

整体略呈"凸"字形，上端为小榫口，下端略似马蹄形。底部有一圆穿，主体装饰浅浮雕兽面纹，可见翘鼻、双耳，额中有一独角。

178. 铜冠钗 汉代

通长23.7厘米

两股钗，钗首扁平，上有戳刺的龙形纹饰，钗首前端及一股微残。

179．铜博局镜　汉代

直径11.0厘米

半球形穿纽，镜背多重纹饰，外重饰锯齿状纹
带，中部主题为博局纹，有对称的八个乳突。

沂源东安古城

180. 铜镜 元代

直径16.0厘米

素镜，外缘呈花瓣形，桥形纽。

181. 铜钗 元代

长14.5厘米

两股素钗，铜条对折而成。

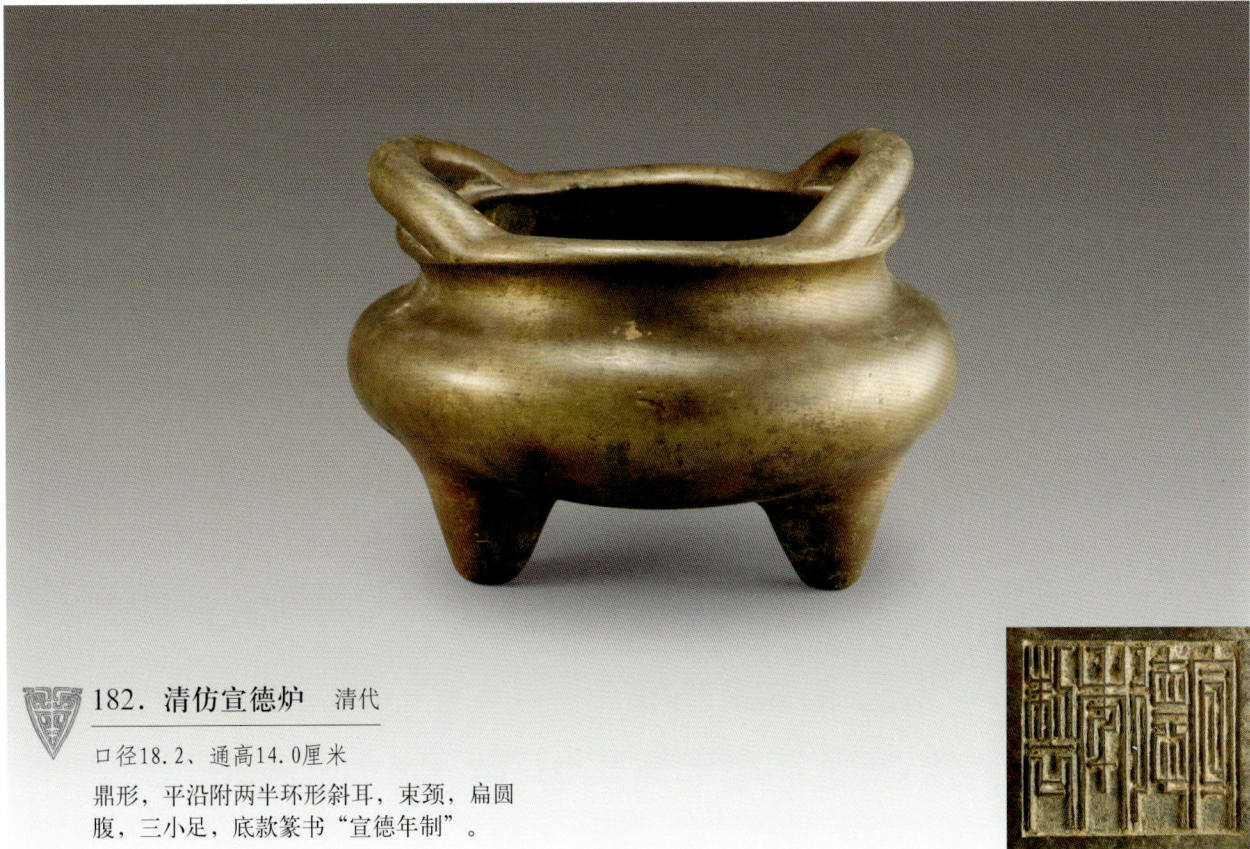

182. 清仿宣德炉 清代

口径18.2、通高14.0厘米

鼎形，平沿附两半环形斜耳，束颈，扁圆
腹，三小足，底款篆书"宣德年制"。

183. 铜环 清代

3.4×3.0厘米

椭圆形，一式2件。略呈椭圆形，并有一件
穿孔铜圆珠和一件穿孔核形紫水晶同出。

184. 铁鼎 汉代

口径25.2、通高11.5厘米

铁质。鼎身为盆形，敞口，平折沿，
方唇，斜壁，平底，三足。

185. 铁镜　汉代

直径13.5厘米

铁质。锈蚀严重，背面为半球状纽。残破。

186. 瑞兽铁镇　汉代

高4.5、底径7.0厘米

铁质。上部一瑞兽，做蟠伏状，圆底，底
部平坦，有一圆孔，通体锈蚀较为严重。

187. "盖侯馬久" 铁印　汉代

印面长7.6、宽7.4、通高6.7厘米

铁质。上下两层, 均为覆斗形, 上小下大, 呈台状。纽仅残存少部分。
印面方形, 阳文"盖侯马久"四字, 通体锈蚀较重。或为烙马印。

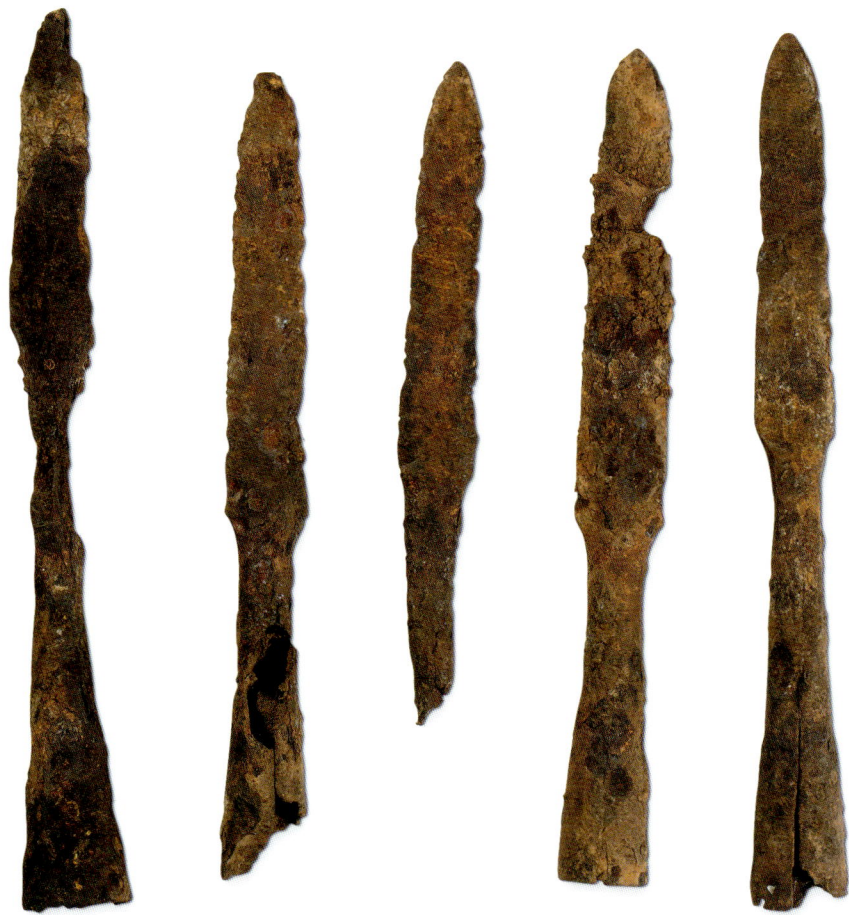

188. 铁矛头　汉代

长17.0～22.0、宽约2.3厘米

5件。铁质。矛身细长，中间起脊，横截面
大致为菱形。圆锥形管状銎，上有穿孔。

189. 铁矛头 汉代

长23.8、宽2.7厘米

铁质。叶部仅存后端一小部分，锥管
状骹，外饰一箍。

190. 铁戟 汉代

长25.6、宽1.5厘米

铁质。戈矛一体，总体呈"丁"字形，
戈部自戟身中部横出，直刃。

191. 铁铲 汉代

长8.3、宽10.0厘米

铁质。锈蚀严重，刃部残失。

192. 铁铲 汉代

长8.5、宽10.0厘米

铁质。刃部残缺，锈蚀严重。

193. 铁斧 汉代

长11.5、宽8.0厘米

铁质。锈蚀严重。

194. 铁锛 汉代

刃宽9.0厘米

铁质。锈蚀较重，刃部稍残，銎孔稍残。

195．铁锛　汉代

长9.0、宽6.8厘米

铁质。锈蚀严重。

196．铁凿　汉代

长18.6、宽2.7厘米

铁质。刃部缺失，銎孔处两裂纹，锈蚀严重。

197. 铁犁头 汉代

长13.5、宽13.3厘米
铁质。铁犁部分缺失，锈蚀严重。

198. 铁锄銎部 汉代

长15.2、銎孔4.7×3.8厘米
铁质。部分缺失，锈蚀严重。

199. 铁锸 汉代

刃宽13.0厘米

铁质。凹字形，锈蚀较重，一肩稍残。

200. 铁锸 汉代

长14.0、宽5.4厘米

铁质。"一"字形，上半部分残缺，锈蚀严重。

沂源东安古城

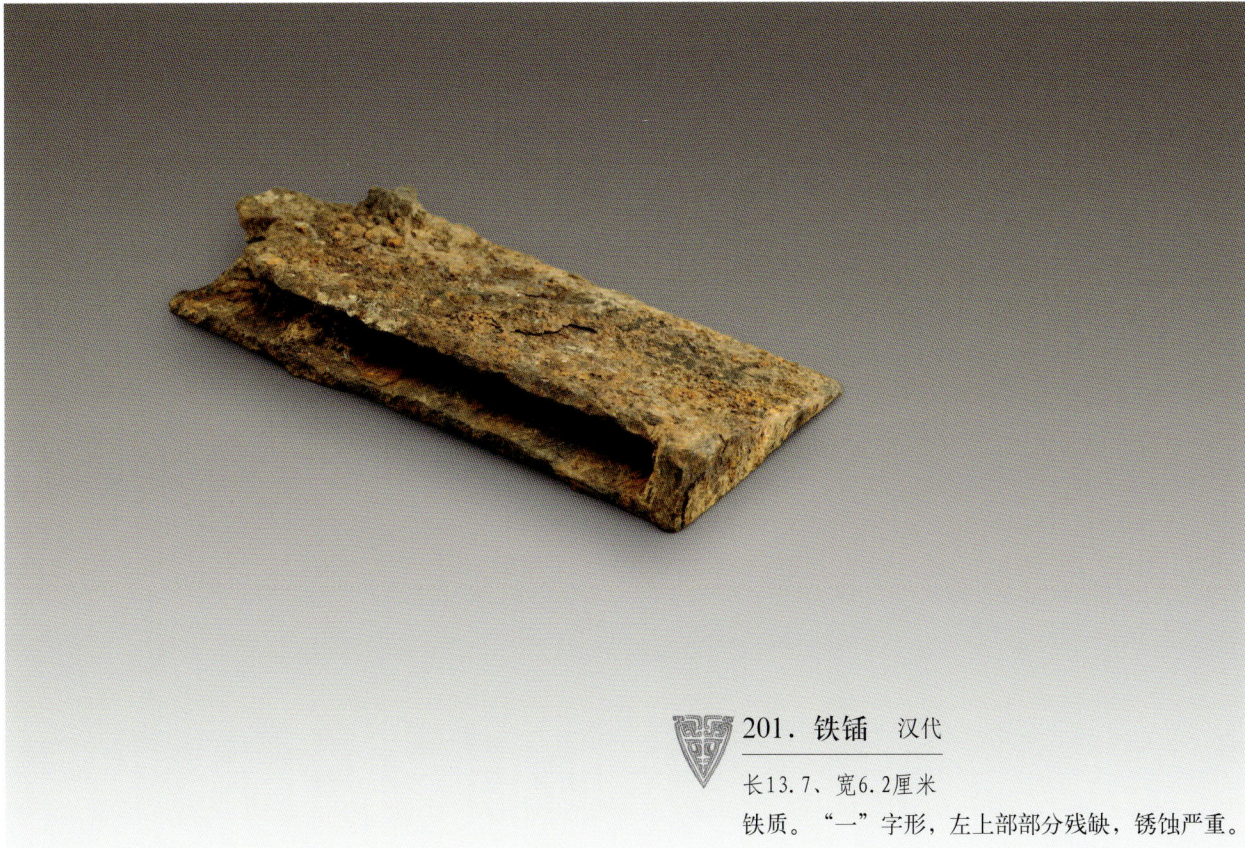

201. 铁锸 汉代

长13.7、宽6.2厘米

铁质。"一"字形，左上部部分残缺，锈蚀严重。

202. 铁镢 汉代

刃宽7.1厘米

铁质。锈蚀较重，刃部稍残。

沂源东安古城

203．铁镢　汉代

刃宽8.6厘米

铁质。銎孔部分残缺，有裂纹，刃部稍残。

204．铁镢　汉代

长17.3、宽6.0厘米

铁质。锈蚀严重，刃部稍残。

205. 铁镢 *汉代*

长11.3、宽7.0厘米

铁质。锈蚀严重。

206. 铁镢 *汉代*

长12.7、宽6.3厘米

铁质。锈蚀严重。

207. 铁镢 汉代

长14.0、宽6.1厘米

铁质。刃部稍残，銎孔处有两裂纹，锈蚀严重。

208. 铁镢 汉代

长10.2、宽4.7厘米

铁质。刃、銎孔部分残缺，锈蚀严重。

沂源东安古城

209．铁构件 汉代

长11.0、宽10.8厘米

铁质。中间有长方形銎孔，部分缺失，锈蚀严重。

沂源东安古城

210. 笙 战国

仅存匏部，匏体有一排七孔。笙为"八音"匏属。

211. 木簧　战国

长8.2厘米

212. 漆木器　战国

长16.0、宽10.8、厚2.0厘米
木胎漆器。

213. 漆木器　战国

长14.8、宽11.4、厚1.8厘米
木胎漆器。

214. 木琴（瑟） 战国

长32.0、宽7.0厘米

215. 瑟（琴） 战国

长45.0、宽8.0、厚2.5厘米

216. 弦拨 战国

高3.8厘米

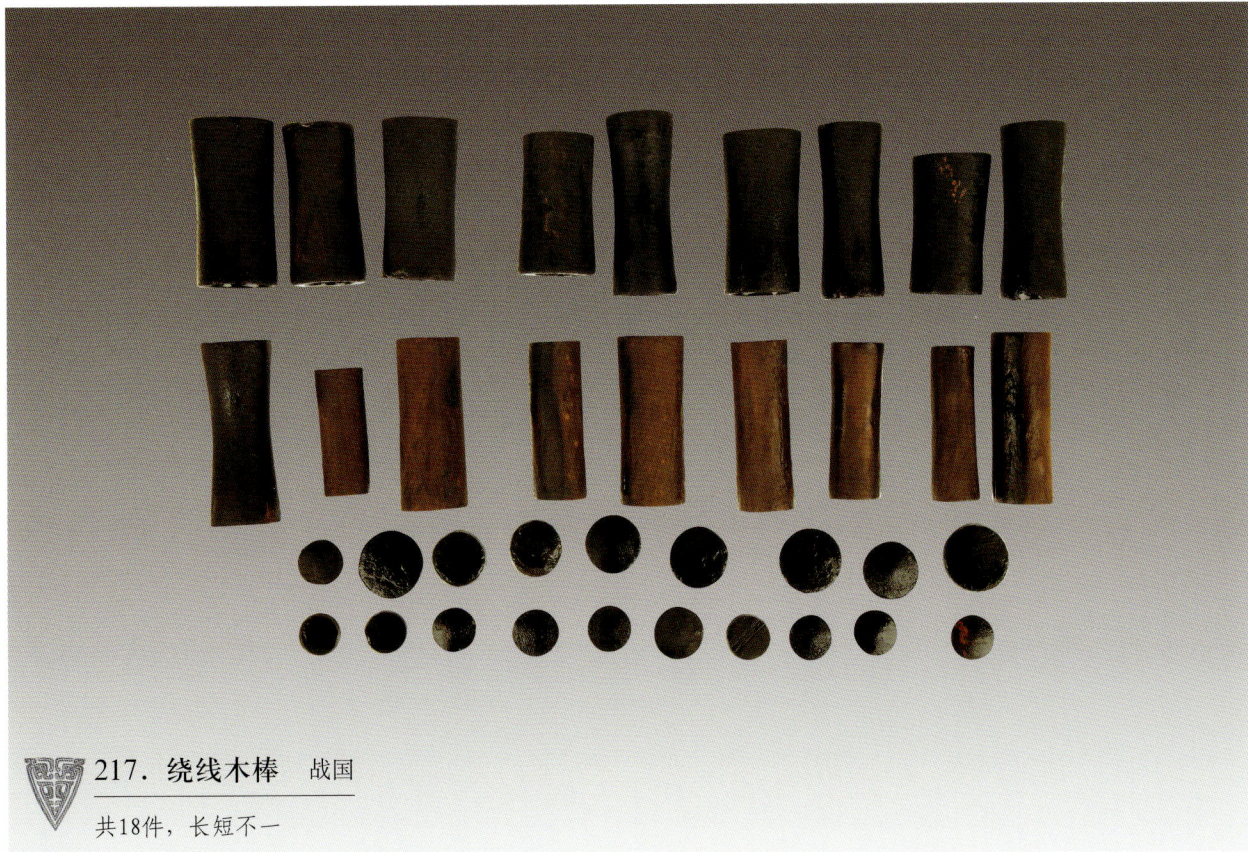

217. 绕线木棒 战国

共18件，长短不一

218. 竹笥（竹编8号）　战国

直径14.0、高6.5厘米

219. 竹笥（竹编16号）　战国

长47.0、宽31、高10.0厘米

沂源东安古城

220. 竹笥　战国

直径16.8、高6.8厘米

221. 木梳、竹簪、耳勺　战国

木梳：长6.3、宽4.1厘米

竹簪：长18.0厘米

耳勺：长11.5厘米

222. 丝织品　战国

长34.5、宽21.4厘米